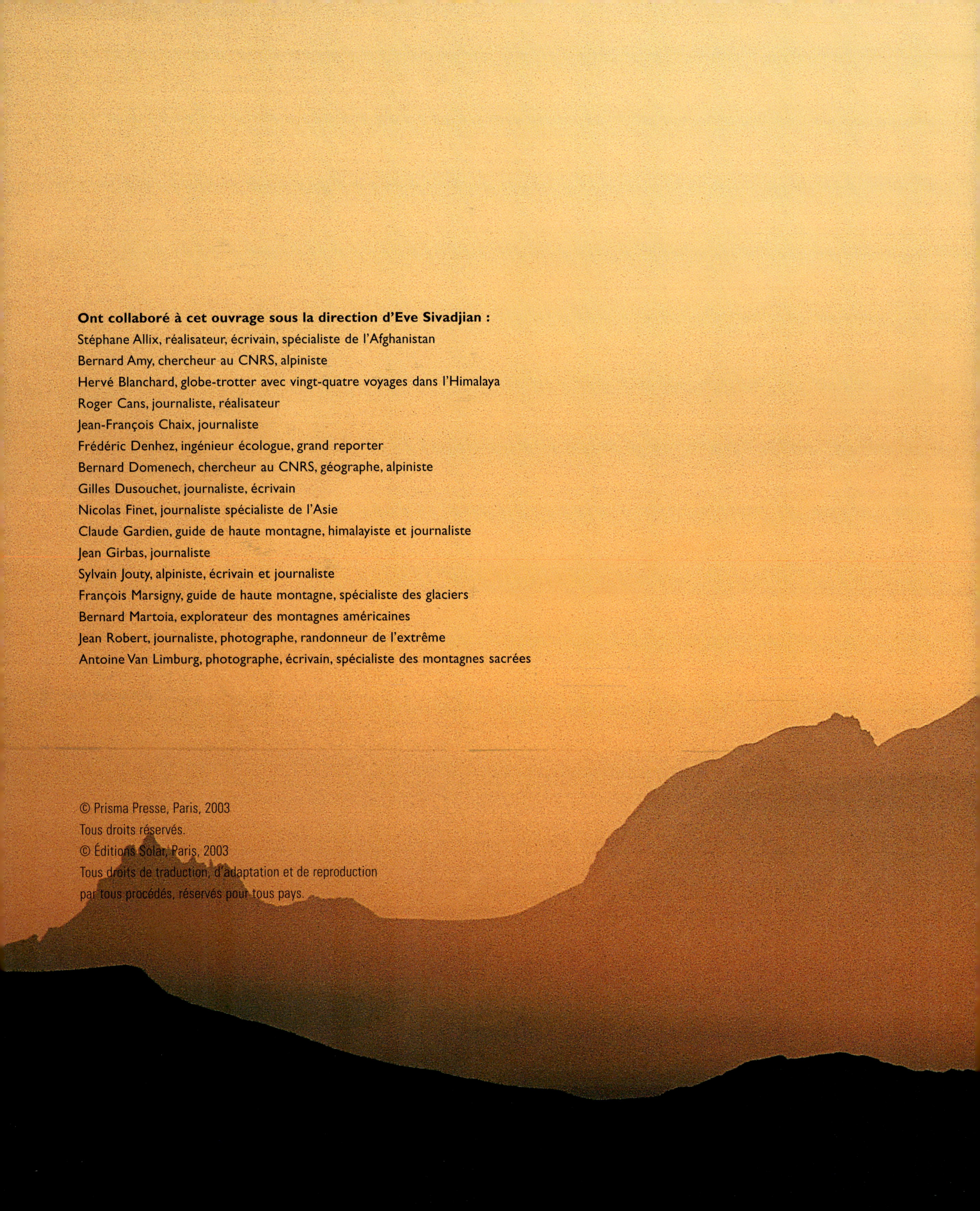

Ont collaboré à cet ouvrage sous la direction d'Eve Sivadjian :

Stéphane Allix, réalisateur, écrivain, spécialiste de l'Afghanistan
Bernard Amy, chercheur au CNRS, alpiniste
Hervé Blanchard, globe-trotter avec vingt-quatre voyages dans l'Himalaya
Roger Cans, journaliste, réalisateur
Jean-François Chaix, journaliste
Frédéric Denhez, ingénieur écologue, grand reporter
Bernard Domenech, chercheur au CNRS, géographe, alpiniste
Gilles Dusouchet, journaliste, écrivain
Nicolas Finet, journaliste spécialiste de l'Asie
Claude Gardien, guide de haute montagne, himalayiste et journaliste
Jean Girbas, journaliste
Sylvain Jouty, alpiniste, écrivain et journaliste
François Marsigny, guide de haute montagne, spécialiste des glaciers
Bernard Martoia, explorateur des montagnes américaines
Jean Robert, journaliste, photographe, randonneur de l'extrême
Antoine Van Limburg, photographe, écrivain, spécialiste des montagnes sacrées

MONTAGNES
GEO
DU MONDE
Sous la direction d'Eve Sivadjian
SOLAR

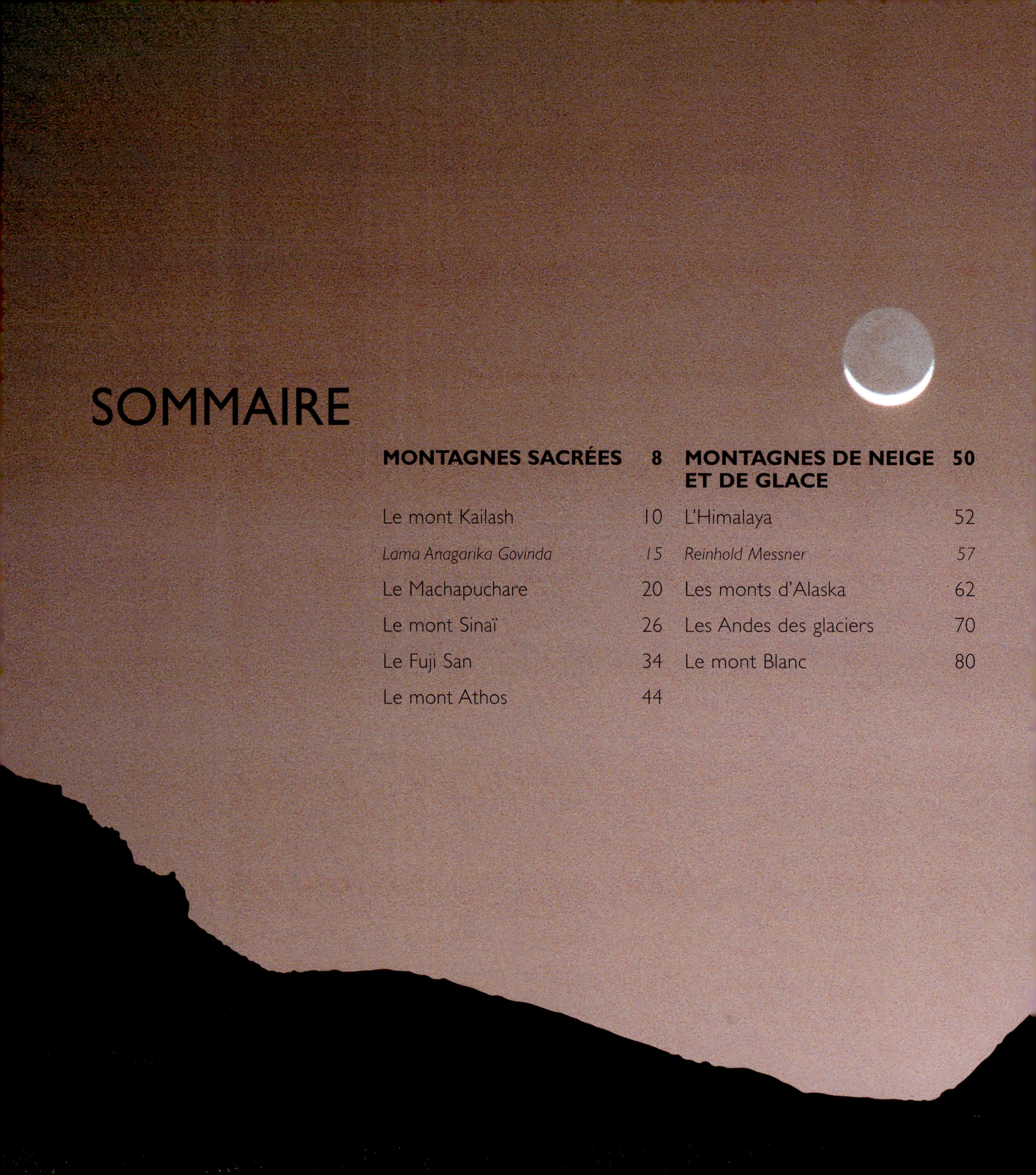

SOMMAIRE

Montagnes Sacrées

Le mont Kailash

Son dôme étincelant évoque le diamant, symbole de perfection, mais aussi le phallus, qui figure l'énergie masculine. Magnifique, isolé, le très sacré mont Kailash se dresse dans le Trans-Himalaya, aux confins des hauts plateaux tibétains battus par les vents. À la lisière des deux grandes civilisations de l'Asie, celle de l'Inde et celle de la Chine, il est vénéré par quatre religions, soit plus d'un milliard de fidèles. Les hindous, dont les temples imitent sa silhouette, y situent la demeure de Shiva, dieu de la Destruction et de la Renaissance, membre de la triade dont Brahma est le créateur et Vishnou le préservateur. Pour les bouddhistes, cette parfaite montagne, appelée *Kang Rimpoche,* « précieux joyau des neiges », matérialise le mont Sumeru, axe cosmique planétaire et centre ésotérique de l'univers. En son sommet, l'école tantrique situe la demeure de Demchog, manifestation d'Avalokiteshvara, le bouddha de la Compassion, dont le dalaï-lama est la réincarnation. Sous le nom d'Ashtapada, il est révéré par les jaïns, dont le fondateur, Rishabanatha, y aurait reçu l'illumination. Quant aux *bön-po,* nomades tibétains de tradition chamaniste prébouddhique, ils vénèrent le Kailash comme étant l'âme de la région, la « montagne du swastika », la croix solaire.

« Aucun lieu sur terre autre que la région de Kailasa-Manasarovar n'est aussi glorifié et ne mérite davantage d'être identifié au paradis terrestre. »

Lama Anagarika Govinda

Pages précédentes : couchers et levers de soleil sur la face nord du mont Kailash sont, pour les pèlerins, des moments forts. Les *lungta*, drapeaux de prières accrochés aux rochers par les fidèles, augmentent le mérite de leur pèlerinage car, visibles dans le vent, ils rappellent et propagent les paroles bienfaitrices du Bouddha.

L'ermitage de Chiu Gompa est construit sur un piton volcanique dominant le lac Manasarovar. Guru Rimpoche, qui introduisit le bouddhisme au Tibet, aurait séjourné pendant de longues années dans une petite grotte aujourd'hui intégrée dans les bâtiments. Au pied s'étend la plaine de Barka, que domine la face sud du mont Kailash, reconnaissable au couloir caractéristique qui l'entaille depuis le sommet et qui représente les treize étapes symboliques à franchir par le pèlerin pour atteindre le nirvana.

Lama Anagarika Govinda

Infatigable pèlerin du Bouddha

Celui qui deviendra Lama Anagarika Govinda — et qui s'appelle alors Ernst Lothar Hoffman — naît en Allemagne en 1898, d'un père allemand et d'une mère bolivienne. Il a vingt ans lorsque, après des études de philosophie, d'histoire des religions et d'archéologie à Freibourg, puis à Naples et à Cagliari, en Sardaigne, il part pour Ceylan. Là, il fait son noviciat dans un monastère bouddhiste, puis un an plus tard, en Birmanie, il prend l'habit jaune des *anagarika*, les « sans foyer ». Dès 1931, il enseigne la philosophie, la psychologie et l'archéologie bouddhiste dans les universités indiennes, et c'est lors d'une conférence à Darjeeling qu'il rencontre Tomo Guesche Rimpoche, ce maître qui l'initia au *mahayana* et au *vajrayana*. En 1933, il fonde la communauté Arya Maitreya Mandala, « confraternité de cœur et d'esprit ». Parallèlement, dès 1932, il parcourt le Tibet. Écrivain, peintre, photographe aussi, il arpentera le Toit du Monde jusqu'en 1949, seul d'abord, puis avec sa compagne, Li Gotami. À l'époque où ces contrées étaient encore totalement fermées aux Occidentaux — et à tout étranger d'ailleurs —, il explore les vastes étendues du Tibet méridional, depuis les contreforts du Bhoutan, à l'est, jusqu'au Ladakh, à l'ouest. Il découvre les paysages magiques du Tsaparang et, pèlerin infatigable, se rend sur tous les lieux sacrés. En décrivant son pèlerinage au mont Kailash, il évoque ainsi la « personnalité » de cette montagne sacrée : « Un tel sommet exerce un pouvoir si grand et pourtant si subtil que de toutes parts, comme attirés par quelque aimant invisible, les gens vont à lui spontanément... » L'année 1960 marque le début du « retour vers l'ouest » de ce grand voyageur qui, dès lors, n'aura de cesse, par ses innombrables conférences à travers le monde, de faire le lien spirituel entre l'Orient et l'Occident. Une tâche qu'il assumera jusqu'à sa mort, en 1985.

Hervé Blanchard

Depuis le toit du monastère de Diraphuk Gompa, le mont Kailash dévoile sa face nord, entouré de trois sommets symbolisant les *bodhisattva* protecteurs de la sainte montagne. De gauche à droite : Manjushri (Jambayang), Avalokiteshvara (Chenrezig) et Vajrapani (Changadorje). La vallée d'Amithaba se profile à droite, au pied des sommets représentant Tara et Amitayus. Le chemin du pèlerinage menant au col de Dolma La se poursuit vers la gauche. Ce monastère, dont le nom, Diraphuk, signifie en tibétain « grotte du yak femelle », est ainsi baptisé en l'honneur d'un ascète érudit, Godsangpa, qui aurait découvert le chemin de la *kora,* tour rituel de la montagne, en suivant Tara (Dolma), dissimulé sous l'apparence d'une femelle yak.

Des chevaux de trait paissent le long du torrent de Lha Chu dans la vallée d'Amithaba, le bouddha primordial de l'Infinie Lumière, que domine l'étincelant dôme du Kailash. Le gendarme rocheux situé sur le flanc gauche de la montagne symbolise un *torma*, offrande à base de tsampa (galette d'orge et de beurre de yak, nourriture de base des peuples de la région), en l'honneur de Guru Rimpoche.

Le mont Kailash

par Antoine Van Limburg

Depuis des siècles, les hindous, les bouddhistes, les jaïns et les *bön-po* entreprennent le difficile pèlerinage au mont Kailash. Pour certains, cela représente des mois de voyage ! L'accès pénible, la haute altitude, le climat extrême, l'environnement désertique font que ce pieux voyage est un des plus méritoires. Mourir lors du trajet ou au pied même de la montagne est considéré comme un privilège, et offre la possibilité de renaître dans un meilleur karma ou d'accéder directement au nirvana. On ne peut imaginer ce que représente pour un hindou habitué au climat chaud de l'Inde le fait de traverser des cols à plus de 4 000 mètres d'altitude, d'affronter des tempêtes de neige, le froid, le manque d'oxygène, la faim… Ce qui est effort pour un Tibétain devient réelle prouesse pour un Indien. Dans le cadre extrêmement sévère du Tibet, où désert et altitude se conjuguent, seule la foi permet au pèlerin de surmonter les épreuves du périple et d'atteindre son but.

UNE ÉTRANGE FORCE MAGNÉTIQUE

Bien que les 6 714 mètres du Kailash soient somme toute modestes comparés aux titanesques « 8 000 » tant célébrés en Occident, la force magnétique qui semble émaner de ce sommet est autrement plus subtile que ses seules données physiques. Dans les siècles passés, rares ont été les Occidentaux qui ont eu le privilège de parcourir les alentours de cette sainte montagne située dans le Trans-Himalaya, qui s'étire au nord de la chaîne principale de l'Himalaya, dont il est séparé par un vaste plateau où coulent le Brahmapoutre, le Sutlej et l'Indus. Il fallut attendre le XXe siècle, avant l'invasion chinoise, pour voir quelques grands voyageurs tels l'Italien Giuseppe Tucci, spécialiste des religions de l'Inde, et le moine bouddhiste d'origine européenne Lama Govinda s'aventurer dans cette région longtemps restée secrète. Depuis que les autorités chinoises, dans les années quatre-vingt, avaient à nouveau permis le pèlerinage aux Tibétains et ouvert le Toit du Monde aux étrangers, le désir m'habitait d'aller vers le mont sacré. L'impression ressentie sera si forte qu'un seul pèlerinage ne me suffira pas. J'en ferai deux.

En partant du Népal, je traversai la chaîne de l'Himalaya à pied par le Nara La, col culminant à 4 500 mètres d'altitude dans la région reculée et peu visitée du Humla, en remontant la Karnali et en empruntant l'un des très anciens chemins de pèlerins. En une semaine, je quittai les vallées verdoyantes et subtropicales du Népal pour gravir lentement les pentes himalayennes, qui sont d'autant plus dénudées que l'on s'approche des hauts plateaux tibétains. La population change en fonction de l'altitude — Thakuris hindous dans les basses vallées, Bhotias bouddhistes dans les parties plus hautes du versant népalais —, donnant un aperçu de la culture tibétaine. Dans une *gompa*, ermitage bouddhiste, j'eus l'occasion de rencontrer un jeune *tulku,* réincarnation d'un ancien maître et vénéré comme tel par les moines. La spiritualité, en effet, imprègne ici la vie quotidienne, rythmant les différents moments de la journée et de l'année.

LEVER DE SOLEIL SUR LA POINTE DE DIAMANT

Le franchissement du Nara La donne accès aux hauts plateaux du Ngari, dont l'altitude moyenne est de 4 500 mètres. À partir de là, le voyage se poursuivit en Jeep jusqu'à Darchen, petit village blotti au pied de la sainte montagne dont la région est surtout habitée par quelques « Dropkas », des nomades éleveurs de chèvres et de yaks, qui plantent leurs tentes de laine noire sur les vastes plateaux où croît une herbe maigre. Après avoir contourné l'immense masse culminant à 7 700 mètres d'altitude du Gurla Mandhata — la demeure de Lhamo Lang Chen, déesse locale de l'Agriculture — et franchi un col à plus de 5 000 mètres, on admire enfin le dôme étincelant du Kailash, surgi au-dessus du Rakshas Tal, l'un des deux lacs associés à la montagne. Une halte au petit monastère de Chiu Gompa, haut lieu sanctifié par Padmasambhava, permet ensuite de jouir des sources d'eaux chaudes pour faire un brin de toilette avant d'aborder les rives du Manasarovar, qui s'étendent majestueusement au pied des montagnes. Ce lac émanant pour les hindous de l'esprit de Brahma, le dieu créateur, son pèlerinage est aussi méritoire que celui du mont Kailash.

Depuis le village de Darchen, point de départ de la *kora*, tour rituel de la montagne, il faut se rendre tôt le matin au sommet de la longue crête dominant la plaine de Barka, d'où la vue sur la face sud du Kailash est splendide, et assister au lever du soleil sur la sainte montagne pour voir les premiers rayons l'effleurer. Lors de la montée, tout n'est qu'émerveillement dans cette contrée sauvage. La diversité de la faune, par exemple. Un renard furtif se faufile entre les buissons. Une famille de perdrix quitte en pépiant son abri nocturne. Un gypaète passe à deux doigts de la tête d'un pèlerin tandis qu'un lièvre, immobile, se laisse approcher au point d'être touché. Une dernière pente encore, et c'est un groupe de mouflons qui broutent paisiblement l'herbe rase à une centaine de mètres… Et puis, enfin, le Kailash dévoilé ! Instant magique ! Ineffable atmosphère de paix. Impression de pénétrer un monde autre, où la présence de l'homme ne gêne ni les animaux ni les esprits qui habitent ces hauts lieux.

***À gauche* : un immense « Om Mani Peme Houng », prière de compassion universelle, orne le rocher dominant l'entrée de la vallée d'Amithaba, au-dessus de Tarboche. Ce lieu sert aux « funérailles célestes », au cours desquelles les corps des défunts sont découpés et offerts aux vautours, rite funéraire qui symbolise l'impermanence de l'univers. *Ci-contre* : les pèlerins accomplissent la *kora* — tour rituel de la montagne — parés de leurs plus beaux habits. *Ci-dessous* : le parcours, long de 52 kilomètres, est marqué de haltes de prières et d'offrandes.**

UN PÈLERINAGE AU PAS DE COURSE

Mais il faut poursuivre, plus haut encore, là où la vue embrasse l'itinéraire de la *kora* intérieure. Partout cheminent des pèlerins égrenant leur *mala*, ce rosaire de cent huit perles de bois. Ils marchent si vite, presque au pas de course, qu'il n'est pas question pour moi de les suivre sans étouffer, faute d'oxygène, au bout de quelques pas. Il y a parmi eux des familles au grand complet, du dernier-né, emmitouflé comme un paquet sur le dos de sa mère, aux grands-parents, qui avancent avec peine sur les sentiers pierreux. Les adultes dans la force de l'âge s'occupent des yaks en bavardant joyeusement. Les plus fervents psalmodient des mantras pour obtenir la bienveillance des divinités et font tourner des moulins à prières manuels. À chaque pause, on fait bouillir le thé noir et on avale quelques poignées de *tsampa*, pâte d'orge grillée, l'aliment de base de cette région du monde. À Tarboche, à l'entrée de la vallée d'Amitabha, bouddha de l'Infinie Lumière, on fête chaque année à la pleine lune de mai la naissance de Shakyamuni, le Bouddha historique. Des milliers de pèlerins se réunissent alors pour accrocher de nouveaux drapeaux de prières à un mât immense tandis que, pendant deux jours, s'enchaînent les cérémonies célébrées par des Rimpoche, hauts dignitaires lamas. Plusieurs *gompa*, dans lesquelles les pèlerins doivent faire des offrandes, jalonnent cette *kora*, d'où l'on voit le Diraphuk Gomba, sommet de plus de 5 000 mètres dressé devant l'impressionnante face nord, verticale, du Kailash. Une vue à vous couper le souffle. Autour de la montagne sacrée se dressent plusieurs sommets moins élevés dont chacun est dédié à un bouddha, l'ensemble formant une sorte de vaste mandala, représentation géométrique du cosmos.

LA JOUTE COSMIQUE DES YOGIS LÉGENDAIRES

Le chemin devient plus ardu et passe par Shiva Tsal, une étendue de pierres jonchée des vêtements laissés par les pèlerins pour marquer l'abandon de leur vie passée avant la renaissance symbolique qui les attend après avoir franchi le Dolma La, col situé à 5 600 mètres d'altitude et dédié à la déesse de la Rédemption, aussi appelée Tara. Dans cet endroit couvert de drapeaux de prières, un immense rocher représentant la divinité est jonché de dons : pièces de monnaie, offrandes de beurre et de boulettes de *tsampa*. La joie se lit sur le visage des pèlerins, dont beaucoup ont parcouru des centaines, voire des milliers de kilomètres, pour être là. Devant eux s'ouvre une nouvelle vie, qu'ils espèrent plus heureuse et prospère. Le souhait des plus âgés ? Mourir durant ce parcours pour aller là où désirs et souffrances s'abolissent. En attendant, lorsque le temps le permet, certains en profitent pour fêter leur présence en ce lieu saint par un joyeux pique-nique. D'autres précipitent le pas, déjà rapide, espérant accomplir rapidement les treize tours méritoires de la montagne. Rares sont ceux qui en feront cent huit, le nombre sacré par lequel on entre directement au nirvana ! Et plus rares encore sont ceux qui, pour se purger le corps et l'esprit de toute tentation, ou pour expier une faute particulièrement grave, accomplissent la *kora* en se prosternant à chaque pas, de tout leur long, sur le sol. Un exercice qui demande deux semaines pour effectuer chaque tour au lieu des trois jours habituels.

M'arrachant enfin à ce monde grouillant de vie, fascinant, j'entamai la descente en longeant un petit lac gelé, sacré pour les hindous, qui s'y baignent rituellement. Plus bas s'étend une large vallée aux herbages clairsemés où se niche Zutulphuk Gompa, la « grotte aux Miracles », dans laquelle Milarepa, grand saint yogi, aurait affronté (à coups de miracles, justement !) un chaman *bön*, l'enjeu étant de décider de quelle religion le Kailash serait la montagne sacrée. Les pouvoirs des deux saints hommes étant immenses, leurs joutes magiques furent éblouissantes, mais Milarepa triompha en se transportant en un instant au sommet du mont étincelant sur le premier rayon de soleil de l'aube. Dépité, son malheureux adversaire, qui tournait autour de la montagne sacrée à cheval sur son tambour chamanistique, tomba de sa « monture » en laissant à flanc de roc une trace indélébile. Bon prince, Milarepa, pour consoler son adversaire, prit une poignée de neige du sommet du Kailash et la lança au loin, faisant jaillir une montagne, le Bön-Ri, qu'il déclara désormais mont sacré des *bön-po*. C'est la joie au cœur que je quittai ces régions mythiques, avec le sentiment d'avoir approché les dieux himalayens. ■

Le Machapuchare

Dressé tel un gardien au-dessus des gorges qui donnent accès au « sanctuaire de l'Annapurna », le Machapuchare semble la flèche de quelque fantastique cathédrale gothique. Depuis les rives luxuriantes du lac Fewa Tal près de Pokhara, deuxième ville du Népal, aux portes du massif, on le voit jaillir au-dessus de vertes collines que domine la couronne des montagnes aux neiges éternelles de l'Annapurna et du Dhaulagiri. Une vision féerique, divine. Le Machapuchare, « queue de poisson » en népali — allusion au sommet double et à sa stratification rocheuse alternant le blanc et le gris, comme des nervures —, est pour tous ici, animistes, hindouistes ou bouddhistes, la demeure des dieux. Une montagne sacrée. Interdite. Les alpinistes occidentaux, qui l'ont surnommé le « Cervin du Népal » en référence à sa silhouette exceptionnelle, ne peuvent s'y mesurer. Ce sommet solitaire, enveloppé de glaces diaphanes irisées dans le soleil levant et vers lequel mène une semaine de marche depuis Pokhara, est à admirer de loin. Les divinités, depuis la nuit des temps, y vivent tranquilles.

Tel un diamant taillé, le Machapuchare dresse sur le ciel bleu du matin les arêtes vives de son sommet « en queue de poisson », où s'accrochent toujours les neiges éternelles. Après une première tentative réalisée par une expédition anglaise en 1957, l'ascension de cette montagne, que les peuples de la région vénèrent à distance, fut interdite par le gouvernement pour respecter les croyances locales.

Pages précédentes : le massif de l'Annapurna est bordé au sud par un ensemble de collines au climat subtropical humide. Les forts contrastes thermiques entre le piémont et les froids polaires qui règnent en haute altitude génèrent des nuages qui, en cours de journée, s'amoncellent autour des sommets himalayens. Ainsi du Machapuchare, qui semble flotter dans les nuées.

Le Machapuchare

par Antoine Van Limburg

Isolé, comme détaché légèrement au sud de la chaîne des sommets géants, le Machapuchare se voit de loin. Et bien mieux que d'autres, pourtant plus grands que lui, car avec ses 6 993 mètres d'altitude il est relativement modeste pour la région ! Par comparaison, l'Annapurna, qui dépasse les 8 000 mètres d'altitude, est difficilement repérable depuis les environs en raison de sa longue crête, qui s'étire sur plusieurs kilomètres. Dominant les gorges qui donnent accès au « sanctuaire de l'Annapurna », impressionnant cirque glaciaire entouré de sommets s'élevant à plus de 7 000 mètres, le Machapuchare offre une massive silhouette pyramidale dont s'échappe son sommet, fourchu comme la queue d'un poisson qui, par jeu, plongerait vers les entrailles de la terre. Pour les Gurungs, peuple robuste et fier qui vit sur les contreforts de l'Annapurna, célèbres sous le nom de Gurkhas au sein de l'armée britannique, l'ensemble de cet impressionnant paysage est un sanctuaire, la demeure de diverses divinités, une enceinte sacrée. À ce titre, et jusqu'à une époque récente, son entrée était interdite aux intouchables — les impurs qui exercent des métiers considérés comme dégradants —, aux femmes et à tout homme qui aurait avec lui de la viande ou des œufs.

TRÉSORS DE SERPENTS DIVINS

Selon une croyance, des trésors sacrés constitués de bijoux d'or et d'argent seraient enterrés dans le sanctuaire de l'Annapurna et gardés depuis des temps immémoriaux par des *nagas*, serpents divins. Quelques intouchables, il y a des siècles, auraient voulu déterrer ces richesses, et emmené dans leurs besaces, comme provisions, de la viande et des œufs. Pris d'une colère terrible, le *nagarajah*, roi des *nagas*, détruisit la mine qui recelait les richesses et massacra tous les hommes sauf un, pour que ce dernier aille témoigner du châtiment exemplaire infligé aux voleurs. Il témoigna, bien entendu… et depuis lors, les bergers qui, l'été, mènent leurs troupeaux de chèvres et de moutons dans les pâturages tapissés de fleurs multicolores du sanctuaire se gardent bien d'y introduire les aliments interdits. Venant des quatre coins du monde, en revanche, les randonneurs d'aujourd'hui ne se sentent pas concernés par ces croyances. Bravant l'interdit, des femmes occidentales n'hésitent pas à fouler le sol sacré, et tous, sans vergogne, sortent de leurs sacs à dos force œufs durs, jambons et viandes séchées. Au début, les vieux des villages étaient outrés du sacrilège, expliquant ainsi les avalanches meurtrières qui déboulaient des cimes, déclenchées selon eux par les dieux en courroux… Cela se dit toujours, mais le sacrilège est désormais toléré.

La situation proéminente du Machapuchare et la variété des ethnies qui habitent à son pied font que cette montagne est considérée comme la demeure de différents dieux. Pour les hindous, Shiva, divinité de la Destruction et de la Renaissance, y séjourne avec sa compagne Parvati. Certains Gurungs y vénèrent Pujinim Barahar, puissance mystérieuse dont ils gardent secret le culte et les attributs. Bien que les populations bouddhistes habitent pour la majorité d'entre elles au nord de la grande barrière formée par le massif de l'Annapurna, certaines considèrent cependant le Machapuchare comme la demeure de Tara, déesse tibétaine de la Rédemption. D'autres enfin associent la montagne à Amithaba, le bouddha de l'Infinie Lumière.

LA MONTAGNE INTERDITE

L'étrange beauté de cette montagne isolée a bien entendu éveillé l'intérêt de nombreux himalayistes, qui ont caressé le rêve de pouvoir la gravir un jour. Après avoir conquis l'Everest, l'alpiniste anglais Wilfrid Noyce avait, en 1957, pu obtenir du gouvernement népalais l'autorisation de faire l'ascension. Ce gouvernement était alors plus soucieux de faire entrer des devises que de protéger les croyances ; non seulement il autorisa l'ascension du Machapuchare, mais il y adjoignit dans la foulée celle du Kangchenjunga, troisième « 8 000 » de la planète et deuxième sommet du Népal, montagne sacrée pour la population de l'est du pays. Une unique condition fut imposée aux ascensionnistes : s'arrêter à quelques dizaines de mètres du sommet pour ne pas envahir les déités jusque dans leurs derniers retranchements. Ainsi que Wilfrid Noyce le rapporte dans *Climbing the Fishtail* (en français, *l'Ascension de la Queue de Poisson*), ouvrage qu'il consacra à l'expédition, les difficultés que dut affronter son équipe furent extrêmes dans cette escalade très « technique » pour l'époque, où s'enchaînaient ascensions de glaciers suspendus et bivouacs exposés aux chutes de séracs — des blocs de glaces — sous des vents d'une violence inouïe et des tempêtes de neige, tandis qu'aux gels nocturnes succédaient des journées à l'ensoleillement meurtrier. À moins de 50 mètres du sommet, après de terribles journées, la cordée fut contrainte de faire demi-tour. Le sommet était défendu par des plaques de glace vive sur des pentes vertigineuses. À cette époque, pareille difficulté technique à près de 7 000 mètres d'altitude n'avait jamais été franchie. Un échec — très relatif — qui impressionna le gouvernement népalais : les dieux s'étant exprimés, aucune autorisation de gravir le Machapuchare, leur havre sacré, ne fut délivrée depuis. Les demandes affluent, mais la montagne-sanctuaire des Gurungs reste à ce jour inviolée. Wilfrid Noyce rend ainsi hommage à la première et aux seconds : « Lorsqu'on le regardait dans la lumière du petit matin depuis le campement de Chomrong, il n'était pas

Ci-contre : depuis le belvédère de Poon Hill, à 3 210 mètres d'altitude, se dévoilent à gauche le massif du Dhaulagiri, « montagne blanche », haut de 8 172 mètres, et à droite celui de l'Annapurna, « déesse de l'Abondance », qui s'élève à 8 091 mètres. Entre ces deux géants, la rivière sacrée du Kali Gandaki se fraye un chemin à travers les gorges les plus profondes du monde après avoir pris sa source sur les hauts plateaux du royaume tibétain du Mustang. *Ci-dessous* : au pied des hauts sommets, la floraison printanière des forêts de rhododendrons.

difficile de comprendre que le Machapuchare pouvait être sacré et qu'une déesse demeurait sur ce sommet fourchu ; bref, on reconnaissait partager les croyances des Gurungs et apprécier leur attitude envers d'autres sujets. »

DES FLAMMES DANS L'EAU DE SOURCE

L'élégante flèche du Machapuchare s'impose dès l'arrivée à l'aéroport de Pokhara. Quel contraste entre la chaleur tropicale étouffante de la vallée et les arêtes effilées, ourlées de neige, du Cervin népalais ! Préface à la splendeur du survol de la profonde vallée de la Kali Gandaki, flanquée à l'est par l'Annapurna et à l'ouest par le Dhaulagiri, et qui mène à Jomsom. De là, le voyageur emprunte une longue montée vers Muktinath, important lieu de pèlerinage — pour les hindouistes comme pour les bouddhistes — situé à 3 800 mètres sur le pourtour de l'Annapurna, à l'ouest du col de Thorung. La vue sur le versant septentrional de l'Himalaya est magique. Les cimes étincelantes du Dhaulagiri et du Tukche Peak dominent la vallée aride de la Kali Gandaki. Le ciel est d'un bleu intense, sans l'ombre d'un nuage. Au nord se niche le Mustang, minuscule royaume tibétain rattaché au Népal. Dans le temple bouddhiste de Muktinath surgit une petite source de laquelle s'échappent de courtes flammes. Hallucinant à première vue, ce phénomène est dû à un gaz naturel filtrant par des fissures de la roche à quelques centimètres de l'eau, dans lesquelles les moines ont introduit des mèches qu'ils ont enflammées. Se trouvent donc réunis ici les quatre éléments primordiaux de l'univers matériel : l'eau, le feu, la terre, l'air. Les pèlerins viennent seuls ici, ou par petits groupes. L'un d'eux s'approche et, dans un anglais difficultueux, me fait comprendre l'importance de l'endroit où il vient faire offrande aux dieux, espérant en retour une bonne santé, des affaires prospères et une nombreuse descendance. Pour accentuer l'aspect méritoire de son pèlerinage, il a parcouru tout le chemin à pied depuis Pokhara.

TEL UN MIRAGE…

Gravir au petit jour, par un matin brumeux, le sentier serpentant entre des rhododendrons majestueux et parsemés de fleurs d'un rouge éclatant pour accéder à Poon Hill mène le voyageur vers un monde… hors du monde. Cette modeste montagne de 3 200 mètres d'altitude constitue, en effet, un magnifique belvédère sur les massifs du Dhaulagiri et de l'Annapurna. Vision inoubliable, à l'aube surtout. L'accumulation des nuages, ce jour-là, masque la plupart des sommets, mais le Dhaulagiri, dont la silhouette adamantine prend des teintes inouïes dans le soleil levant, vaut bien un peu de patience ! Las, un pâle soleil émerge difficilement. Déçu, je me retourne, pour découvrir avec stupeur le Machapuchare baigné dans une étrange lumière bleu pâle. La « Queue de Poisson » semble flotter au loin, dans le ciel laiteux, comme le dessin quasi irréel des subtiles peintures chinoises. La montagne semble immatérielle, diaphane, comme si cette masse énorme de roches et de glaces n'était qu'une infinité de gouttes d'eau rassemblées par magie. Juste quelques instants. Les reliefs reprennent place, et la matière retrouve sa pesanteur après cette fugitive vision. Plus tard, lors d'un voyage ultérieur, je suis retourné dans le sanctuaire de l'Annapurna. Depuis les gorges de la rivière Modi Khola, à travers une forêt de bambous, se profile l'élégante silhouette du Machapuchare. Même au pied de l'immense muraille de l'Annapurna et de son chapelet de sommets à plus de 7 000 mètres, le regard revient toujours vers ce jet de pierre lancé dans le ciel, lien subtil et concret entre la terre des hommes et le paradis des dieux. ■

Le mont Sinaï

Irradiés par les premiers rayons du soleil, de chaotiques empilements de rocs s'embrasent dans la pâle lueur de l'aurore. Spectacle grandiose que ce paysage flamboyant du sommet du *jebel* Moussa, ou mont Moïse, à 2 200 mètres d'altitude en plein cœur du massif du Sinaï, en Égypte. C'est ici que le libérateur du peuple juif reçut, voici plus de trois mille ans, les Tables de la Loi, et qu'il conclut le contrat d'allégeance des tribus d'Israël à un seul Dieu, créant le royaume de ce dernier sur terre, épisode crucial qui marque le début de l'histoire de la religion juive. Ainsi que le souligne Edwin Bernbaum, spécialiste américain des montagnes sacrées, « l'image de Dieu descendant dans des nuées de feu sur le mont Sinaï est imprimée dansl'esprit de millions de personnes à travers le monde comme étant l'archétype de la confrontation de l'humain avec la puissance terrifiante et la majesté du sacré. Cette image serait une des plus impressionnantes et influentes de toute histoire et littérature religieuses. »

Le sentier menant au mont Sainte-Catherine, point culminant du Sinaï à 2 642 mètres, est très peu fréquenté par rapport à son illustre voisin, le mont Moïse, visible au centre. La vue depuis la chapelle construite au sommet et dédiée à la sainte martyre est pourtant plus vaste, et permet de distinguer les deux rivages de la péninsule par beau temps. Pour la plupart, voyageurs et pèlerins font l'ascension du mont Moïse de nuit, équipés d'une lampe frontale, pour atteindre le sommet au lever du soleil. Un spectacle inoubliable… Le chemin le plus confortable a été aménagé à l'époque du pacha Abbas Ier. Son tracé, peu pentu, permet aux chameaux de l'emprunter jusqu'à l'amphithéâtre des Soixante-Dix Anciens d'Israël. De là, un escalier de sept cent cinquante marches mène à la chapelle sommitale.

Pages précédentes : les premiers rayons du soleil enflamment les roches basaltiques d'origine volcanique qui constituent le cœur tourmenté du massif du Sinaï.

Pages suivantes : le mont Moïse, haut de 2 285 mètres, longue crête de basalte chaotique, a abrité de nombreux ermitages, depuis longtemps abandonnés. Tout en bas, dans ce chaos de rocs, le jardin d'Élie, planté de cyprès et d'oliviers, offre la preuve de l'opiniâtreté et de la ferveur des moines orthodoxes au cours des siècles.

Le mont Sinaï

par Antoine Van Limburg

Situé entre Afrique et Orient, sur la péninsule qui porte son nom, le massif du Sinaï, cette très vieille montagne biblique, est un vaste ensemble cristallin dont les sommets, roses, ocre ou orangés, s'effritent sous le soleil de feu du désert égyptien. Il se dresse à plus de 2 600 mètres d'altitude, entre la mer Rouge et le golfe d'Akaba. Une poignée d'oasis, disséminées çà et là, se nichent dans les *ouadis* du massif, où se sont installés des Bédouins. Sédentaires, ces derniers élèvent des chèvres et des moutons, comme aux temps bibliques, cultivant le palmier pour ses dattes, des céréales et des arbres fruitiers. Le mont Sinaï lui-même, ancien mont Horeb, est la montagne sacrée où, selon la tradition, Moïse séjourna pendant quarante jours et quarante nuits en présence de Yahvé.

SPLENDEURS D'UNE VIEILLE ET SAINTE MONTAGNE

Moïse seul ayant été admis, il aurait avant d'atteindre le site abandonné les soixante-dix sages qui l'accompagnaient sur un petit plateau dit des « Soixante-Dix Anciens d'Israël » où, dans un jardin, oasis de verdure gagnée sur le roc et plantée de cyprès, se dresse maintenant un ermitage dédié à saint Étienne. C'est de là, par un escalier de sept cent cinquante marches, que l'on accède à la cime et à la modeste chapelle qui la coiffe, près d'une minuscule mosquée bâtie sur la grotte où, justement, le prophète aurait vécu. Depuis ce lieu mythique, mystique, où transparaît toute la vieillesse du monde, Pierre Loti trouvait les lointains « beaucoup plus profonds que les habituels lointains terrestres ». Par temps clair il est vrai, on aperçoit depuis la chapelle l'île du Pharaon ; socle de roc rouge couronné de sa forteresse construite dans la seconde moitié du XIIe siècle par Saladin, elle troue les eaux turquoise au nord du golfe d'Akaba.

Mais revenons-en au sommet du mont Moïse, le *jebel* Moussa, où le soleil se lève à peine lorsque les premiers pèlerins débouchent sur le replat. Ici, des orthodoxes cheminent derrière la croix en psalmodiant des prières. Là, des Birmans catholiques ponctuent joyeusement leurs cantiques de tonitruants alléluias. Depuis les premiers siècles de l'ère chrétienne et la fondation du monastère Sainte-Catherine sur le flanc de la montagne, à 1 570 mètres d'altitude, le Sinaï est l'un des plus importants buts de pèlerinage chrétien, avec Jérusalem, Rome et Saint-Jacques-de-Compostelle. Peu de temps après le lever du soleil, lorsque l'orangé vif des montagnes commence à pâlir sous la lumière chauffée à blanc et que les reliefs s'aplatissent, le sommet du Sinaï, progressivement vidé de ses visiteurs, est rendu au silence et au ciel. À l'ouest se dresse le majestueux sommet double du *jebel* Katherine, ou mont Sainte-Catherine, la plus haute montagne du Sinaï et de l'Égypte, qui culmine à 2 642 mètres d'altitude. Le corps de cette sainte, martyrisée au IVe siècle à Alexandrie, aurait été transporté après sa mort par des anges jusqu'au sommet de la montagne où, trois siècles plus tard, il fut retrouvé par les moines du monastère dit alors de la Transfiguration en raison de la mosaïque décorant le chœur de son église. En rêve, les religieux eurent la vision de l'endroit où se trouvait le corps. Ils l'exhumèrent et le mirent dans un sarcophage d'or au monastère, qui du fait de la renommée de la sainte prit son nom.

ROCS ABRUPTS VERS L'IMMORTALITÉ

Si la tradition, depuis le Ve siècle, situe le séjour « historique » de Moïse et ses entretiens avec son dieu au sommet du *jebel* Moussa, les théologiens et les scientifiques sont loin d'être d'accord, aujourd'hui, sur l'emplacement exact du biblique mont Horeb, auquel il est assimilé. La Bible ne donne que peu de détails géographiques, laissant place à de larges interprétations, si bien que plusieurs montagnes pourraient se réclamer de la divine rencontre. Certains chercheurs la situent au *jebel* Helal, près de la mer Rouge et au nord du Sinaï, d'autres proposent le *jebel* Sirbal et d'autres encore le *jebel* Umm Shaumar, tous deux situés dans le massif méridional. Mais après tout, qu'importe ? Les querelles des mortels ne peuvent entacher d'ombre les beautés mystiques de ce mont sanctifié depuis des millénaires par toutes les religions du Livre.

Et quoi qu'il en soit, en descendant du *jebel* Moussa, on peut emprunter l'étroit défilé menant, vers le nord, à un vallon où se nichent plusieurs ermitages aujourd'hui désertés. Pendant des siècles, des anachorètes vinrent y chercher la solitude et la paix. Les écarts de température, extrêmes, et le manque d'eau montrent à quel point ces hommes avaient réduit les nécessités de la chair pour se consacrer à la prière. La vertigineuse beauté de l'endroit incite le voyageur à s'y attarder. Le monastère Sainte-Catherine se trouve à plusieurs centaines de mètres en dessous, mais la croix, fichée dans le surplomb d'un rocher, s'impose. En l'observant dans ce fabuleux paysage, on s'aperçoit qu'elle est très précisément à l'intersection des principaux lieux saints de la région : le monastère à l'est, le *jebel* Moussa au sud, le *jebel* Katherine à l'est et le *jebel* Safsafa, point culminant du plateau parsemé d'ermitages, au nord. Comment ne pas être fasciné par ce chaos de rocs désertique où des hommes, qui avaient renoncé à tout sur terre, trouvaient l'inspiration céleste ? À l'échelle de l'éternité, ces montagnes imposent au voyageur l'humilité. Un état d'esprit salutaire pour redescendre par le raide chemin des Moines, escalier de trois mille sept cent cinquante marches taillées dans le roc et qui, en outre, passait par la « Porte des Confessions » ; là, traditionnellement, à la montée, un moine confessait chacun des pèlerins, car seuls les purs avaient accès à la sainte montagne. Le confesseur a disparu du chemin depuis belle lurette, et rares sont celles et ceux qui l'empruntent désormais, ne serait-ce que pour descendre : l'immense majorité des visiteurs et des pèlerins se retrouve sur le bien nommé chemin du Pacha, que certains même parcourent à dos de dromadaire…

LE PLUS VIEUX MONASTÈRE ACTIF DU MONDE CHRÉTIEN

Le monastère Sainte-Catherine est à la fois le plus vieux monastère en activité de la chrétienté et son plus petit diocèse. C'est un cas unique. Grec orthodoxe, il a été bâti en terre non chrétienne au VIe siècle sous le règne de Justinien, l'empereur byzantin qui fit élever Sainte-Sophie aux temps des querelles sur la nature divine et/ou humaine du Christ. Ici, dans le Sinaï, les moines ont toujours reçu la protection des califes musulmans et des sultans turcs, auxquels, en signe d'allégeance, ils concédèrent une mosquée dans leur enceinte ! Ils n'ont jamais eu à subir d'attaques de la part des Bédouins habitant la péninsule. Ceux du village de Sainte-Catherine, dit-on, seraient les descendants des gardes placés par l'empereur pour la défense de ces lieux saints autour desquels il fit élever les hautes et puissantes murailles que l'on voit encore aujourd'hui. Elles recèlent en effet la source que fit jaillir Moïse du rocher en le frappant de son bâton alors qu'il venait faire paître son troupeau de chèvres, et le buisson ardent, à travers lequel Yahvé lui enjoignit de faire quitter l'Égypte à son peuple. Outre ces reliques, le monastère Sainte-Catherine possède une bibliothèque d'une très grande richesse et plus de deux mille icônes anciennes, dont certaines du VIe siècle ! Ses quelque trois mille cinq cents manuscrits rares constituent la plus importante collection du monde après celle du Vatican. Parmi eux se trouvent le *Codex Syriacus*, la plus ancienne traduction des Évangiles, qui date du Ve siècle, et *l'Échelle du paradis*, sorte de guide destiné aux moines et décrivant les étapes du chemin spirituel menant de la renonciation à la réalisation de la paix dans l'amour parfait de Dieu.

DANS LE VENT GLACIAL DU DJEBEL KATHERINE

Le lendemain de ma visite au *jebel* Moussa, je me rends au sommet du *jebel* Muneiga, une petite montagne coiffée d'un modeste ermitage du haut duquel l'aube sur les *jebel* Moussa et Katherine, orgueilleuses cathédrales de granit orangé jaillissant impérieusement au-dessus de la plaine poussiéreuse du Sinaï, est inoubliable. Elle prélude à l'ascension du *jebel* Katherine. Un sentier bien marqué longe la base du *jebel* Moussa, passe par un petit col et descend sur Dar el Arbain, le monastère des Quarante-Martyrs, endroit où quarante moines avaient été tués par des brigands. C'est aujourd'hui un petit hameau habité par quelques familles bédouines au milieu de plantations d'oliviers, arbres importés par les moines orthodoxes grecs et qui détonnent dans ce paysage planté de palmiers, à 1 700 mètres d'altitude environ. Des enfants m'accostent joyeusement : l'un pour aller boire le thé dans sa famille, l'autre pour réclamer des stylos, un autre encore pour se proposer comme guide vers le sommet. Un peu plus loin, deux jeunes filles poussent devant elles un troupeau de chèvres. Où donc, dans cet univers minéral, les pauvres bêtes trouveront-elles un brin d'herbe ? Après avoir remonté un vallon encaissé, voici un replat : le sommet où se dresse, là aussi, une chapelle blanche dédiée à la sainte. Des traces de neige fraîche tombée la veille ne laissent pas de doute sur l'altitude. Cette neige, régulière et assez abondante en hiver pour alimenter les sources, est une bénédiction pour cette région, où il ne tombe parfois pas une goutte d'eau pendant cinq ans d'affilée ! De ce sommet du *jebel* Katherine, la vue s'étend sur l'ensemble du massif du Sinaï. Seuls les nuages cachent les côtes de la mer Rouge. Au sud se dresse la masse impressionnante du *jebel* Umm Shaumar, deuxième sommet de la péninsule. Le *jebel* Moussa, pourtant proche, se distingue à peine dans l'enchevêtrement chaotique des montagnes alentour. Dans ce monde du silence se lève le ronflement du vent. Un vent glacial. Insistant. Acharné. Histoire de faire comprendre aux mortels que les sommets du Sinaï ne sont pas pour eux. ■

***En haut* : le monastère Sainte-Catherine, enclos de murailles de 9 à 15 mètres de haut, où les croisés, pour marquer leur passage, gravèrent leur croix de Malte…**
***Ci-contre :* cet escalier de trois mille sept cent cinquante marches permet d'accéder presque directement du monastère au sommet du mont Moïse.**

Le Fuji San

Des lignes limpides… l'épure parfaite, éthérée, d'un cône ouvert sur le ciel surgit, fantasque, entre deux nuées comme d'un au-delà de ce monde terrestre. Voilà plus de dix millénaires que, formidable et sage, le Fuji San veille sur les rêves des Japonais. Pour tous les habitants de l'archipel nippon, en effet, cette montagne est une authentique divinité, révérée avec ferveur. Depuis des siècles, poètes et lettrés imaginent des métaphores, des expressions, des surnoms pour honorer ce suprême sommet et témoigner de sa bienveillante puissance, tandis que les peintres s'efforcent de saisir sa singulière « personnalité ». Mais n'entre pas qui veut dans l'intimité du dieu-volcan. Jouant en seigneur de son emprise sur les forces élémentaires — nuées, pluies, ombres et lumière —, le Fuji San ne se livre qu'avec parcimonie, comme une très ancienne présence dont chaque apparition serait, pour tout Japonais, une leçon de modestie, de patience, d'humilité. Une leçon de « savoir-être ». Pour l'honorer, le remercier, c'est par millions que les pèlerins des îles du Soleil Levant, chaque année, gravissent ses pentes. Avec gratitude, la présence d'un dieu se mérite.

Pages précédentes : la pente de la toiture d'un temple à l'unisson de celle du Fuji San, saisi dans son absolue perfection symétrique (à droite). À l'évidence, c'est à cette rigueur mathématique que le dieu-volcan doit, entre autres, d'être révéré par les Japonais, une telle précision étant en effet inhabituelle dans le monde des hommes (à gauche).

Jouissant d'une situation isolée au sein de la vaste plaine du Kanto, dans la partie centrale de l'île de Honshu — la plus grande des îles de l'archipel japonais —, le mont Fuji se voit de très loin… lorsque brumes et nuages ne le cachent pas. Poser le regard sur lui est considéré, au Japon, comme un privilège.

Pages suivantes : la physionomie toujours changeante de la montagne sacrée est l'une des clefs de la fascination profonde qu'elle exerce sur les hommes depuis des siècles. Les peintres, en particulier, se sont ingéniés à en transcrire toutes les vues possibles, sans pour autant parvenir jamais à épuiser le sujet.

Les pentes désertiques du volcan au crépuscule. Hormis des lichens et des mousses, rien ne pousse sur ces étendues minérales, au contraire de la plupart des autres montagnes du Japon, qui sont envahies d'une exubérante et verte végétation. Une raison de plus, pour les communautés qui vivent au pied du Fuji San ou sur les rives des lacs aux eaux tranquilles qui s'étalent dans les environs, de croire le volcan investi d'une dimension surnaturelle.

箱 根 神 社

Le Fuji San

par Nicolas Finet

Par les fenêtres du Shinkansen, le TGV japonais, le paysage file à une vitesse folle lorsque soudain, entre Yokohama et Shizuoka, mon voisin s'incline solennellement, profondément, de la tête et du buste. Il rend grâce au mont Fuji, dont l'épais voile de brume vient de se déchirer un instant au passage du train. Dans l'île de Shikoku, fort éloignée du volcan, une immense représentation de cette « montagne entre toutes » s'étale sur le mur principal d'une salle de restaurant, « pour la stabilité de son assise, la pureté de sa silhouette et ses vertus protectrices », commente le patron avec déférence.

En ce qui me concerne, la dernière fois que je suis allé admirer le mont Fuji par 35° 21' de latitude nord et 138° 43' de longitude est à quelque 18 000 kilomètres de la France, c'était... dans mon bureau, au cœur de l'été parisien. J'étais ce jour-là le trois millions quatre cent huit mille sept cent dix-septième visiteur à venir ainsi saluer le seigneur volcan, par écran d'ordinateur interposé, sur un site Internet accueillant en japonais et en anglais. Un service inlassable, inauguré quelque sept ans plus tôt et exclusivement dédié à l'observation en direct de la montagne sacrée. Des caméras vidéo la filment en continu trois cent soixante-cinq jours par an, y compris la nuit, depuis chacun des cinq lacs qui l'entourent. À chaque internaute, le site propose de revoir une sélection d'images du mont enregistrées à différents moments de la journée écoulée. Au terme de la rencontre, une petite phrase rituelle raccompagne chaque visiteur en remerciement de son « pèlerinage », si fugace soit-il : « Que l'esprit du mont Fuji veille sur chacun des pas de votre chemin. » Voilà qui laisse entrevoir ce que le Fuji San représente pour les Japonais, qui le désignent toujours ainsi, et non pas sous l'appellation Fuji Yama improprement retenue par les Occidentaux. Fuji San n'est pas une simple montagne. Pas un volcan non plus. C'est un dieu.

UN SPLENDIDE ISOLEMENT

Altier, souverain, le mont Fuji trône seul au-dessus de la vaste plaine du Kanto, dans la partie centrale de Honshu, la plus étendue des quatre grandes îles qui composent l'essentiel de l'archipel nippon. Tokyo, la capitale, se trouve à une centaine de kilomètres vers le nord-est, et la côte orientale est là, toute proche. Cette position plutôt isolée confère à l'auguste cime une belle visibilité, tout en induisant, déjà, cette dimension d'exception qui signe sa singularité. À 3 776 mètres au-dessus du niveau de la mer, le Fuji San, quintessence des deux cent soixante volcans que compte l'archipel nippon, appartient, dans la terminologie des vulcanologues, à la famille des stratovolcans, c'est-à-dire des volcans dont le cône est constitué de couches successives de laves et de cendres. Il aurait connu quelque dix-sept éruptions majeures au cours de ses onze mille ans d'activité. La toute dernière remonte au matin du 16 décembre 1707. Elle fut, bien sûr, terrible. Ce jour-là, dit-on, les cendres poussées vers l'est par les vents furent si épaisses que l'obscurité tomba sur Edo, ainsi se nommait alors Tokyo, dès la mi-journée...

Depuis cet ultime soubresaut, voilà bientôt trois siècles, rien ne semble avoir été en mesure d'interrompre le sommeil du géant. Des colères anciennes de sa période de jeunesse, il lui reste un imposant cratère, de 700 mètres de diamètre pour 250 mètres à l'endroit le plus profond, et l'austère manteau épandu sur ses pentes. Ce dernier est fait de graviers, de sable de laves sombres, d'une pierre ponce rouge qui, peu à peu, se désagrège et dont l'omniprésente poussière vient s'incruster partout, jusque entre les dents où parler la fait crisser. Un univers exclusivement minéral, où la vie terrestre ne peut prendre racine.

DIVINITÉ DE PLEIN DROIT

Ce dépouillement minéral n'est évidemment pas pour rien dans l'emprise que le Fuji San, hiératique et grandiose, exerce sur l'esprit de quiconque s'en approche. Car là où la plupart des paysages de montagnes de l'archipel intègrent traditionnellement la forêt, avec l'infinie palette de verts de la nature japonaise, le seigneur volcan paraît avoir une fois pour toutes contenu le règne végétal à son pied. Comme pour bien signifier que cette

***De gauche à droite* : l'une des célèbres vues du mont Fuji réalisées par le grand peintre japonais Hokusai ; l'un des nombreux pèlerins qui réalisent chaque année l'ascension du volcan ; une pratique ancienne, comme en témoigne ce document photographique du début du XXe siècle ; guerrier sur la côte à Kyomi, contemplant le Fuji San.**

montagne-là, si enracinée soit-elle dans la terre des hommes, a aussi un pied dans un monde autre. Celui des dieux.

Si toutes les montagnes, il convient de le souligner, sont sacrées selon le shintoïsme — principale religion de l'archipel japonais, issue de l'animisme et du chamanisme antérieurs à la période du XIe au XIIIe siècle qui marque ici l'arrivée du bouddhisme —, la plus grande de toutes ne peut donc qu'être un dieu de plein droit. *Fuji San* signifie littéralement « non mortel » ou « montagne qui ne meurt pas ». On entre là sur le territoire fondamental du volcan : le légendaire, le sacré, cette dimension qui provoque le respect devant plus grand que soi, à la confluence de toutes les peurs, de toutes les espérances. À la source des mythes, des contes fantastiques et des histoires mystérieuses. Le culte du Fuji en compte des centaines !

ESPRITS MANGEURS D'ÂMES ET DÉESSE DES ARBRES EN FLEUR

Ainsi, le sommet du volcan serait le lieu de résidence de la déesse des Arbres en fleur, Konohana Sakuya Hime, divinité animiste possédant le pouvoir de déclencher la floraison et qui se manifesterait aux yeux des mortels sous la forme d'une nuée ténue qui, parfois, flotte au-dessus du cratère. Pour éviter de provoquer la jalousie de la déesse, l'ascension du Fuji San fut strictement interdite aux femmes pendant des lustres. Il faudra attendre 1872, quatre ans après le début du vaste mouvement de modernisation de l'ère Meiji, pour que cette restriction disparaisse enfin.

À ces croyances anciennes s'en ajoutent de fort contemporaines, comme celle, actuellement véhiculée dans les milieux aéronautiques, selon laquelle le Fuji San aurait le pouvoir d'attirer et de faire disparaître les avions qui auraient l'audace de survoler directement son cratère… En conséquence de quoi les pilotes veillent à le contourner à bonne distance.

Tour à tour poétiques, merveilleuses, édifiantes ou effrayantes, les légendes accumulées autour du mont Fuji composent un épais corpus qui conforte la pérennité de l'attachement collectif à la montagne magique comme à tout ce qui l'entoure. C'est le cas par exemple de l'épaisse forêt qui s'étend sur le plateau au pied du volcan, porteuse elle aussi de sa légende noire. Dénommée Aoki Ga Hara, la « prairie bleue », elle abriterait tout un peuple de *kamis*, esprits élémentaires du shintoïsme, pousserait dans leur passage à l'acte les candidats au suicide et « avalerait » sans échappatoire possible tous ceux qui s'y égarent par mégarde. Aujourd'hui encore, dans les communes limitrophes de la montagne, comme Fujiyoshida ou Kawaguchiko, d'honnêtes fonctionnaires municipaux chargés de l'entretien des espaces naturels au pied du volcan n'hésitent pas à jurer, la main sur le cœur, n'avoir jamais réussi, malgré toutes leurs recherches, à retrouver les corps des disparus d'Aoki Ga Hara… Voilà pour les croyances obscures !

DES PÈLERINS PAR MILLIONS

Mais la ferveur que suscite le Fuji San se vit la plupart du temps sur un mode bien moins sombre, plus spirituel, et l'ascension du « dieu-montagne », désormais balisée, difficile mais accessible aux non-alpinistes, est le meilleur moyen de lui prouver sa piété. C'est un pèlerinage qui, depuis des siècles, attire chaque année les fidèles par millions sous l'égide d'une congrégation, le Fuji-Ko, qui organise la visite rituelle, à pied, du volcan sacré. Avant de s'élancer sur les pentes, les pèlerins se rassemblent dans plusieurs sanctuaires au pied du volcan, d'où, le 1er juillet, la saison de l'ascension est déclarée officiellement ouverte (elle se referme le 27 août). Plusieurs pistes aménagées, ponctuées de stations — relais où les fidèles s'attardent pour rendre grâce —, permettent d'atteindre le sommet assez aisément, en cinq à huit heures, voire douze heures pour les marcheurs les plus lents. Trois sanctuaires shintos, d'où grâces sont également rendues, se dressent, là-haut, dans les nuages. Certains pèlerins cheminent de nuit afin de voir, si la météo capricieuse du Fuji San le permet, le soleil se lever sur le Pacifique. Chacun suit sa voie, vêtu à sa guise, sans rituel collectif apparent, mais avec une grande piété, une attitude de respect qui, seule, distingue les fidèles des simples visiteurs. Ces derniers comptent un lot d'artistes. Poètes, peintres, écrivains et photographes viennent puiser l'inspiration sur les pentes dures, vertigineuses, parfaites, du Fuji San, tout comme le fit au XIXe siècle le célèbre peintre Hokusai Katsushika, qui signa ses « Trente-Six Vues de Fugaku », somptueuse série d'estampes en couleurs à la gloire du dieu enraciné dans la terre des hommes. ■

Le mont Athos

La Grèce antique eut ses montagnes sacrées. L'Olympe, inaccessible séjour des dieux où Zeus faisait la pluie et le beau temps. Et puis, à Delphes, le mont Parnasse, au pied duquel princes et rois venaient quérir l'oracle de la pythie. La Grèce de l'ère chrétienne a depuis mille ans, elle aussi, sa montagne : le mont Athos, choisi par les moines pour y adorer le Christ en gloire de l'orthodoxie byzantine, et Sa mère, la Vierge Marie. Verdoyante péninsule de la Chalcidique dépourvue de villes et de villages mais dont les escarpements abritent vingt monastères, le mont Athos trône loin des choses du monde. Immense sanctuaire aux murailles de rocs couvertes de chênes verts et blancs, de cistes et d'arbousiers, il domine à perte de vue l'infinie nappe bleu profond, sillonnée de caïques, de la mer Égée. Quelque mille cinq cents moines en robe noire y vivent, hors du temps. Ils prient, cultivent la vigne, peignent des icônes. C'est un univers à part, d'où femmes et enfants sont absents. Un univers de silence au-dessus duquel plane l'aigle royal et que troublent seulement le sourd battement des cloches de bois, les chants polyphoniques des offices, le cri rauque des mouettes et le crissement des cigales.

Pages précédentes : les moines orthodoxes avaient deux raisons de s'exiler dans la montagne, sur ces pics escarpés qui dominent la mer : prier loin des bruits et des tentations, et se mettre à l'abri des attaques « barbaresques », constantes pendant des siècles dans toute la Méditerranée orientale. *À droite* : le monastère de Dyonisiou. *À gauche* : le monastère de Clifftop, mont Athos Kalkidiki.

Vue générale du mont Athos Kalkidiki.

Le mont Athos

par Roger Cans

Les *kaloyéroï*, « bons vieux », partagent leur temps entre la prière, les offices et le travail manuel. Par vœu de dépouillement, ils ne se coupent jamais la barbe ni les cheveux, ramenés en chignon sur la nuque. Ils se transmettent l'art de peindre les icônes. Construit au XIVe siècle, le monastère de Simonos Petra a été ravagé par plusieurs incendies, en 1580, 1626 et 1891. Il a été chaque fois restauré et agrandi.

Les Grecs l'appellent *Aghion Oros*, la « sainte montagne ». Depuis l'an 963, date de la fondation du premier monastère de la Grande Lavra, la verdoyante presqu'île de Chalcidique, dite du mont Athos, à mi-chemin entre Constantinople et Thessalonique, jouit d'un statut unique au monde : elle constitue une sorte de république religieuse autonome, dont les vingt monastères sont administrés par une autorité commune formée de quatre « épistates » élus. Quel que soit le régime du pays — empire de Byzance, Empire ottoman, royaume de Grèce, régime des colonels ou, aujourd'hui, État membre de l'Union européenne —, les moines du mont Athos ont toujours su préserver leur indépendance vis-à-vis des pouvoirs civils ou militaires. La loi, ici, est religieuse et découle du christianisme orthodoxe. Les soubresauts du monde profane ne parviennent que très amortis sur cette langue de terre de 40 kilomètres de long sur 10 kilomètres de large environ, isolée au nord de la mer Égée. Dans ce monde à part, femmes, enfants et animaux femelles n'ont pas droit de cité. N'y sont admis, en effet, que les adultes mâles, et parmi eux fort peu de visiteurs profanes : au maximum dix par nuit pour toute la presqu'île, et pour des séjours n'excédant pas quatre journées. Munis des autorisations requises, ils sont accueillis sans bourse délier dans les monastères en vertu de l'hospitalité grecque dite *philoxenie*, l'« amour des étrangers ».

AVEC LES DAUPHINS VERS LA VILLE DU CIEL

Le voyage au mont Athos commence par une ville au nom prédestiné, Ouranopolis, la « ville du ciel ». Un ciel orthodoxe qui se gagne… par la mer. Deux heures de navigation parmi des bandes de dauphins joueurs qui cabriolent dans les vagues autour des bateaux. Introduction providentielle à la visite du mont sacré, ces deux heures de mer immergent le profane dans le quotidien de ce monde religieux, parmi les moines en transit qui reviennent de la ville avec leur baluchon gonflé ou qui, à la faveur d'une escale, passent d'un monastère à l'autre. Ce sont des hommes rudes, à longue barbe, dont la toque noire dissimule à peine l'abondante chevelure nouée en chignon sur le cou. La plupart portent une robe de drap épais, élimée aux manches et serrée à la taille par un large ceinturon de cuir. Ils sont chaussés, non de sandales, mais de solides brodequins capables de résister à la pierraille des chemins de montagne. La plupart sont grecs, mais certains, parmi les jeunes, viennent des États-Unis, du Canada, d'Australie, de Finlande…

VINGT MONASTÈRES DISSÉMINÉS DANS LA MONTAGNE

Le bateau longe une côte accidentée, couverte d'un maquis impénétrable qui escalade les escarpements rocheux, royaume des aigles. Au détour de promontoires surgissent çà et là, tout près ou dans le lointain, les masses formidables des monastères, en pierres blondes ou grises selon la lumière, aux toits de tuiles rouges ou de lauzes noirâtres, et dont les coupoles le plus souvent couvertes de plaques de plomb luisent vaguement au soleil. Là-bas, dans la montagne, ce sont les toits en dôme de Zographou, le monastère bulgare, relié à son embarcadère par un improbable sentier muletier. Ici, à l'escale, voici Dochiariou, monastère bâti en bord de mer. Il règne une grande agitation sur le quai, où des moines attendent leur embarquement au milieu de caisses empilées et de ballots grossièrement ficelés. Curieuse vision que ce petit port méditerranéen avec ses classiques barques bleu et blanc, où l'on ne voit pas une femme, un enfant ou un chien ! Juste de lourdes silhouettes noires qui vont et viennent partout, sous le regard absent des mulets bâtés et de quelques chats, seuls animaux domestiques à être admis sur la sainte montagne.

Après Xenophontos, monastère du littoral où le bateau ne s'arrête pas, on découvre à flanc de montagne un vaste ensemble de bâtiments sans grâce, aux murs noircis et aux toitures béantes, qui évoquent des casernes. C'est le monastère russe de Panteleimon, construit avec l'argent du tsar à la fin du XIXe siècle et ravagé par un incendie à une époque où, déjà, il n'y avait plus assez de moines pour entretenir les lieux. Enfin se profile le petit port de Daphni, où tout le monde débarque. On y achète un peu d'épicerie pour la route et l'on s'attable en terrasse pour siroter un *kafedaki*, petit café servi à la turque avec un verre d'eau fraîche, en attendant l'autocar hors d'âge qui mène à Karyes, « capitale » administrative où siège la Sainte Épistasie, l'organe de direction de la communauté des vingt monastères… où nul ne s'attarde.

DANS LES VOLUTES D'ENCENS LUIT L'OR DES ICÔNES

Vite, prendre le chemin de la montagne ! Le sentier s'enfonce dans un maquis de chênes verts, puis dans une dense forêt de châtaigniers qu'exploitent des bûcherons non religieux. De ce bois, les moines feront des ustensiles de cuisine, des cannes, des croix sculptées, des coffrets ouvragés… Il faut trois heures de marche en forêt pour voir se profiler enfin les hauts murs du monastère de Simonos Petra, impressionnante citadelle incrustée dans le roc dont la partie inférieure, en pierre grise, est coiffée d'étages blanchis à la chaux. Le long des galeries couvertes accrochées au-dessus du vide, on aperçoit quelques silhouettes noires qui regardent la mer au loin. Dedans explosent les couleurs, comme dans tous les monastères aux églises rouge sang. Dans l'*archontari*, le salon d'accueil, des loukoums et un petit verre d'ouzo sont servis aux visiteurs. Puis, sans transition, c'est le dîner au réfectoire commun, où les moines et leurs hôtes prennent leur repas en silence tandis que l'un d'eux lit d'une voix monotone l'épître du jour. Au menu, frugal, une soupe de haricots, une timbale de vin et une pomme, qu'il faut se dépêcher d'avaler sans rien dire avant de gagner le dortoir. Ici, moines et visiteurs se plient à l'austère vie monastique. En pleine nuit, les cloches du dimanche sonnent à toute volée, appelant les moines pour l'office dans le *catholicon*, l'église principale. Le chœur s'élève, magnifique, dans la pénombre confinée du sanctuaire où luit l'or des icônes dans la lumière des bougies et des coupelles d'huile aux flammes grésillantes. Telles les volutes d'encens qui vous prennent à la gorge, les répons s'enchaînent, indéfiniment, sans le secours du moindre instrument. À 8 h 30 du matin suit le repas dominical, constitué de poisson, de betterave rouge, d'oseille cuite, de feta et de pomme, le tout arrosé d'un vin local très fort, couleur de cidre. Un repas silencieux, qui ne dure pas plus d'un quart d'heure…

LE VERT MOUTONNEMENT DU MAQUIS SUR LE BLEU DE LA MER

Sur la montagne la plus élevée de cette presqu'île, le mont Athos, dont le sommet dénudé culmine à 2 033 mètres, il n'y a aucun monastère. Cela parce que la distance obligerait les moines à cheminer plus des deux à trois heures requises pour redescendre vers les caïques, leur seul moyen de transport d'un établissement à l'autre, avec les mulets qui, sous la conduite des anciens, affrontent des chemins vertigineux. Pour atteindre le haut sommet depuis Simonos Petra, il faut redescendre jusqu'à la mer et prendre un bateau pour Sainte-Anne, débarcadère commun à une poignée d'ermitages dispersés dans les montagnes. Le sentier traverse des vergers abandonnés où des moines cultivaient naguère des pêchers, des pruniers, des pommiers et des vignes. Le maquis, bientôt, s'impose, avec ses chênes verts, ses chênes kermès, ses chênes blancs, ses buissons de lentisques, de cistes et d'arbousiers où, assourdissantes tout le jour, crissent les cigales, relayées la nuit par les grillons. Plus haut dans un environnement presque humide viennent les châtaigniers, avec l'altitude, ces derniers cèdent la place aux pins, puis aux lauriers-roses, aux rhododendrons et aux aulnes nains. À la limite de cette végétation, qui rosit les pentes au printemps, a été édifié un refuge baptisé Panaghia, où l'on peut passer la nuit avant d'attaquer le sommet. Là-haut, dans une petite chapelle qui couronne le faîte, le voyageur trouve un abri bienvenu contre le vent frisquet, une citerne d'eau fraîche et un panorama éblouissant : toute la péninsule déployée, noyée dans le vert moutonnement de la végétation qui se perd dans le bleu de la mer sillonnée de minuscules caïques. Dans le silence, buses, aigles royaux et circaètes décrivent avec lenteur leurs larges cercles au-dessus des abîmes, loin au-dessus des mouettes et des goélands, restés en bord de mer. Qui pourrait deviner que partout alentour quelque mille cinq cents ermites et moines en communauté vaquent à leurs prières ? Depuis plus de dix siècles, malgré les vicissitudes de l'histoire, ils perpétuent la tradition orthodoxe de l'art des icônes et du chant, dans ce décor privilégié qu'ils sont pratiquement les seuls à pouvoir contempler. ■

Montagnes de Neige et de Glace

L' Himalaya

« **S**oudain, tout mon être fut ébranlé comme par une décharge électrique, le miracle venait de s'accomplir : à mes pieds, baigné dans une brume légère dont les nappes bleutées accentuaient le relief, un moutonnement de collines escarpées s'étendait à perte de vue. Face à moi, dressée comme de prodigieux icebergs au-dessus de cet océan de verdure, la masse éclatante des cimes du grand Himalaya semblait irréelle tant elle était gigantesque. Jamais, dans mes rêves les plus fantastiques, je n'avais imaginé que tant de beauté puisse exister sur cette terre. » Au printemps 1950, en route pour l'Annapurna, Lionel Terray décrit ainsi l'Himalaya qu'il découvre. Des montagnes géantes, aux neiges éternelles que décoiffent les tempêtes et aux glaces étincelantes sous un soleil de feu. Une chaîne, la plus grande de la planète, qui s'étire en arc de cercle sur tout le sud de l'Asie centrale, de l'Hindu Kuch à l'Arakan. De très hautes terres de beauté, de silence, de grandeur, où dans l'air pur d'altitude des peuples sages aux religions mystiques mènent leurs yaks sur de vertigineux à-pics vers des lacs oubliés à la hauteur du ciel. Un mythe longtemps interdit à l'Occident où se joue, aujourd'hui, l'ultime jeu de l'alpinisme.

Pages précédentes : l'Everest (à droite) dévie le vent violent de l'altitude. Le lenticulaire qui coiffe le sommet matérialise le *jet stream.* Véritable signal d'alerte, ce dernier signifie l'impossibilité de survivre à haute altitude. Ce vent tempétueux se lève à l'automne et marque la fin des expéditions sur les grands sommets.

Le versant nord de l'Everest s'élève de 3000 mètres au-dessus des glaciers de Rongbuck, qui viennent lécher les plateaux du Tibet. Les expéditions légendaires lancées par les Britanniques entre les deux guerres mondiales sont passées par ce côté. L'arête nord-est (à gauche) s'élève lentement. Elle impose un long parcours en altitude, que les alpinistes de l'époque furent bien près de réussir, dépassant les 8 500 mètres à plusieurs reprises.

Reinhold Messner

Le géant de l'Himalaya

Lorsqu'il affronte pour la première fois l'Himalaya, Reinhold Messner a vingt-six ans. Né en 1944 à Vilnoss, en Italie, ce Tyrolien du Sud, pour son coup d'essai, survit à une incroyable odyssée d'altitude : bloqué sans corde avec son frère Günther à 8 125 mètres d'altitude au sommet du Nanga Parbat, après la première de la face sud, il redescend sur l'autre versant, dénué de tout matériel. Günther est emporté par une avalanche. Reinhold, porté disparu par son expédition, parvient à regagner les villages, épuisé, gelé, mais vivant. Ses ascensions exceptionnelles dans les Alpes, souvent en solitaire, lui ont donné une grande confiance en ses possibilités. Sur le toit du monde, il battra tous ses records. Avec Peter Habeler, il réalise en 1975 la première d'un « 8 000 mètres » sur le Gasherbrum, en style alpin, d'une traite, sans porteurs et sans apport d'oxygène. Trois ans plus tard, les deux hommes tentent une véritable plongée dans l'inconnu : l'ascension de l'Everest sans bouteilles d'oxygène. Folle entreprise selon les scientifiques, pour qui les risques de séquelles cérébrales sont inévitables… Non seulement Messner réussit, mais il récidive ! En 1980, il ouvre sur le versant nord de l'Everest une voie nouvelle, seul et en style alpin, puis accroche bien d'autres premières encore à son palmarès. En 1986, il est le premier homme à avoir gravi les quatorze sommets de plus de 8 000 mètres (en réalité, il en a gravi dix-huit, car il a fait deux fois certains d'entre eux). Ce spécialiste des cultures himalayennes — il est même parti à la recherche du mythique yeti ! —, consacré plus grand alpiniste de tous les temps, se tourne vers la protection de ces montagnes qui lui ont tant donné et fonde Mountain Wilderness, une association internationale de protection de la montagne. Député italien au Parlement européen, le géant de l'alpinisme, philosophe et étonnamment polyglotte, s'est lancé dans la défense de l'environnement…

Claude Gardien

Le Kangchenjunga est l'un des sommets himalayiens les plus redoutables. Reinhold Messner, en 1982, gravit les « cinq trésors de la grande neige » par l'immense versant nord. Ce fut l'une de ses plus dangereuses aventures, dira-t-il plus tard.

L'Annapurna, qui se dresse à 8 078 mètres d'altitude, fut le premier sommet de plus de 8 000 mètres gravi par l'homme. L'histoire dramatique de Louis Lachenal et de Maurice Herzog est célèbre ; leur sauvetage, par Lionel Terray et Gaston Rebuffat, puis par tous les membres de l'expédition, fait partie des grandes aventures humaines. L'ascension du versant sud, visible ici, qui reste l'une des faces les plus difficiles de l'Himalaya, a été réussie en 1970 par une importante équipe britannique.

Ci-contre : les grandes canelures appelées *ice-flut* visibles ici sur une arête du Kangchenjunga sor caractéristiques des formations neigeuses tropicales

L'Himalaya

par Claude Gardien

Himalaya… « Séjour des neiges », en sanscrit. Un nom mythique pour désigner des lieux qui le sont plus encore ! De l'Afghanistan au Bhoutan, la formidable barrière flanquée de sommets géants se dresse sur près de 2 500 kilomètres de long, et 800 kilomètres de large par endroits. C'est la plus grande chaîne du monde, née de la lente poussée de l'Inde contre le continent. Alexandre le Grand, qui passa l'Indus en 326 avant Jésus-Christ, puis Marco Polo, qui au XIIIe siècle traversa l'Asie, et plus tard, au XVIIIe siècle, le père Ippolito Desideri, en route vers le Tibet, comptent parmi les premiers visiteurs européens de ces immenses régions. Les cartographes leur succéderont au XIXe siècle, suivis des espions, engagés dans l'exploration des frontières des deux grands empires ici en contact : la Russie et la Grande-Bretagne. Enfin, dans leur sillage vinrent les alpinistes. Alors se répandirent à travers le monde les noms magiques : Kangchenjunga, Everest, Annapurna, Nanga Parbat, Chogori… Pureté de l'altitude, silence, grandeur, beauté, mystère, mysticisme, voilà ce qu'ils évoquent pour le monde occidental, irrésistiblement aspiré vers ces montagnes immenses et vers les pensées, les cultures, les religions et les arts nés à leur pied.

LES GRIMPEURS CLANDESTINS DU KANGCHENJUNGA

Au début régnait le Kangchenjunga. Sa masse éclatante domine le paysage verdoyant de Darjeeling, petite ville du Sikkim. Au XIXe siècle, ses 8 586 mètres d'altitude en font le plus haut sommet du monde pour les Britanniques, installés en Inde et qui viennent ici échapper à la chaleur des plaines. Les autres régions de la chaîne sont inaccessibles : le Népal et le Tibet n'autorisent aucune visite. Déguisement et discrétion sont obligatoires, sous peine de mort, pour les premiers visiteurs lorsque sir George Everest, *Surveyor General of India*, organise une grande campagne de triangulation. La plupart des observations sont faites clandestinement, par des *pundits*, auxiliaires indiens, qui voyagent pendant de longs mois en prenant tous les risques. Un travail de fourmi, dont son commanditaire n'eut pas le bénéfice. Ce sera en effet à sir George Andrew Waugh, son successeur, que reviendra l'exaltation de la découverte, quelques années plus tard, lorsque le Peak XV — baptisé par la suite mont Everest —, exhumé de la paperasse, sera reconnu « plus haut sommet du monde » avec 8 848 mètres. Incroyable précision des géodésiens de l'époque ! À 2 mètres près, ils trouvèrent l'altitude que les dernières mesures, effectuées au XXIe siècle, calculent en faisant appel aux techniques les plus pointues.

DES MONASTÈRES AU SAVOIR MYSTÉRIEUX

Découvrir l'Everest était une chose, le gravir jusqu'au sommet en fut une autre. Il fallait d'abord s'en approcher, ce qui fut impossible avant les lendemains de la Première Guerre mondiale. Certes, les Britanniques avaient tissé des liens commerciaux avec le Tibet après l'expédition militaire de sir Francis Younghusband, en 1904, mais il fallut attendre 1921 pour qu'ils engagent leur première expédition sur l'Everest. Émerveillés, ils font alors connaissance avec une civilisation singulière, étrange, tout droit sortie du Moyen Âge. Ils découvrent de fabuleux monastères dominant un plat pays, sanctuaires où sont conservés des savoirs mystérieux. Avec la bénédiction — sceptique mais indispensable — des lamas, les premiers himalayistes traversent les hauts plateaux arides, battus par les vents du Tibet, où s'enchâssent les flaques émeraude de lacs immenses.

George Mallory, fasciné, sait déjà que son destin se jouera ici. Le premier, il contemple le versant népalais de l'Everest depuis les hauts cols de l'arête frontière. En bas, un glacier monstrueux s'écroule vers les vallées luxuriantes du Népal, qu'on devine au loin. Dès l'année suivante, les Britanniques organisent la première d'une longue série de tentatives vers le sommet. Les résultats des premières expéditions dépassent les records d'altitude. L'une des cordées atteint 8 140 mètres d'altitude, tandis qu'une autre se rend à 8 319 mètres ! Ils n'iront pas plus haut, car un accident où sept Sherpas trouvent la mort clôt l'expédition. En 1924, leur record tombe : un autre Anglais, Edward Felix Norton, monte seul jusqu'à 8 570 mètres… en veste, bandes molletières et chapeau mou ! Son intendance, dit-on, comptait quelques bonnes bouteilles. Quelques jours après lui, George Leigh Mallory et Andrew Irvine sont vus au-dessus de 8 500 mètres. Les nuages les enveloppent, ils ne redescendront pas. Les expéditions, parfois héroïques, des années trente ne parviendront pas à monter plus haut qu'eux.

LÉGENDAIRES HÉROS DE L'EVEREST

Vinrent les temps nouveaux qui changèrent la face du monde. En Himalaya aussi. Après la Seconde Guerre mondiale, les troupes chinoises déferlent sur le Tibet. Le Népal ouvre ses portes. Sur les hauts sommets, les grandes manœuvres, teintées parfois de nationalisme, reprennent. De l'Everest, Eric Shipton, vétéran de l'Himalaya, explore en 1951 le versant népalais. La cascade de glace du glacier de Khumbu pose un problème, de même que l'arête sommitale, peu visible. Ces ennuis seront résolus l'année suivante par une expédition genevoise. Raymond Lambert et Tenzing Norgay, un Sherpa qui a déjà plusieurs expéditions à son actif, atteignent 8 600 mètres. La route est ouverte, Tenzing en achève le parcours le 29 mai 1953 avec Edmund Hillary… un apiculteur néo-zélandais. Ainsi, la victoire sur l'Everest vient, tel un joyau, trouver place sur la couronne de la reine Elizabeth II, et le nom des deux *summiters* (vainqueurs du sommet) entre dans la légende de l'Everest. Tenzing, véritable alpiniste bien plus que « porteur d'altitude », a réalisé son rêve d'enfance ; il deviendra l'ambassadeur de son peuple, les Sherpas, tandis que Hillary, élevé au rang de « star » et intronisé aventurier professionnel, finira par se consacrer au bien-être du peuple de son compagnon. Il créera des écoles, des

D'une extraordinaire résistance à la fatigue, à l'altitude et au froid, le yak est, par excellence, l'animal de bât du massif de l'Himalaya. Les mulets peuvent être utilisés jusqu'à un certain seuil. Au-delà, l'homme prend la relève.

hôpitaux en pays sherpa, passant de l'himalayisme à l'humanisme — on dirait aujourd'hui à l'humanitaire. Son aura est grande parmi les Sherpas.

LES CLEFS DU TOIT DU MONDE

L'ascension de l'Everest — *Chomo Lungma* en tibétain, c'est-à-dire « déesse mère du monde » — aura été précédée de celle de l'Annapurna, dont les 8 078 mètres sont conquis à l'arraché en 1950 par Louis Lachenal et Maurice Herzog. Un exploit extraordinaire dans des conditions météorologiques dramatiques, et la première des ascensions de « 8 000 mètres », qui s'enchaînent dans les années suivantes. Les grimpeurs se tournent ensuite vers d'autres sommets, moins hauts mais plus difficiles. De leurs incursions dans ces montagnes inconnues, ils rapportent des images, des souvenirs des vallées népalaises et de l'accueil de leurs populations. Les performances, l'amitié fidèle des sherpas, originaires du Solu Khumbu, la beauté et la sérénité des paysages font le tour du monde au gré de leurs récits, accompagnés de photos de villages perchés et entourés de champs étagés aménagés en terrasses par des générations successives de femmes et d'hommes souriants, parés de turquoises et vêtus de brun, de pourpre… L'infinie palette de verts, les toits colorés des monastères, les hauts sommets inconnus, tout cela semble, à l'Occident qui les découvre, si étrange, si beau et tellement serein ! La vie pourtant y est dure, comme dans toutes les vallées du monde soumises aux lois de la subsistance en montagne.

SEPT ANS AU TIBET POUR LE NANGA PARBAT !

L'Himalaya, immense, étale à travers le continent des paysages d'une infinie variété. Au-dessus de l'Indus, au Pakistan, dans une vallée désertique et surchauffée, les trois grands ensembles, Himalaya, Karakorum et Hindu Kuch, se réunissent pour former le Grand Himalaya. L'extrémité occidentale de l'Himalaya proprement dit est marquée par un énorme massif, le Nanga Parbat, « montagne nue », dont le sommet se dresse dans le ciel à 8 125 mètres. En 1895, Albert Frederick Mummery, le pionnier de l'alpinisme acrobatique, y avait disparu avec deux porteurs. Tenté à plusieurs reprises par des alpinistes allemands dans les années trente, le Nanga fera de nombreuses victimes. En 1939, la déclaration de guerre bloque les grimpeurs en Inde (le Pakistan n'existe pas encore). Pour Peter Aufschnaiter et Heinrich Harrer, dont l'ascension a tourné court, ce sera la captivité au camp de Dehra Dun, puis l'évasion, le séjour à Lhassa — où les étrangers sont encore interdits — et l'amitié de l'actuel dalaï-lama, alors enfant. Une aventure extraordinaire que relate le film *Sept Ans au Tibet*. Quant au redoutable Nanga Parbat, il domine des vallées charmantes. Des alpages, dont l'un a été baptisé Fairy Meadow, « prairie enchantée », viennent buter contre les glaciers. Ces havres de beauté ne laissent pourtant guère deviner les fastes des vallées de l'intérieur du Karakorum ! Pour les atteindre, il faut contourner l'extrémité de l'Himalaya, atteindre la petite ville de Gilgit, un gros bourg commerçant, grouillant d'activité. De là, on s'enfonce à l'ouest vers l'Hindu Raj, au nord et à l'est vers le Karakorum, une chaîne plus vieille que l'Himalaya mais que les géographes traitent avec le massif himalayen.

LE MYTHIQUE K2

Le Karakorum est peuplé depuis des temps immémoriaux par d'habiles peuples d'agriculteurs qui, depuis le XVIIIe siècle, ont accompli un patient travail d'irrigation, transformant des sols arides en fabuleux jardins ! Abricotiers, pêchers, vignes, pommiers poussent sans retenue sur les bords des terrasses où croissent le blé, le maïs et les légumes, telles ces délicieuses pommes de terre très appréciées dans tout le Pakistan. Les champs sont rythmés par des haies de peupliers, dont les hautes branches ploient au rythme des vents. Ils fournissent le bois de construction, et les branches mortes sont ramassées pour le feu. Pour les habitants de Yasin ou de la Hunza, planter est un acte fort car les arbres retiennent l'humidité et la terre tout en apportant la fertilité à un sol issu d'un véritable cauchemar géologique : cailloux étalés en éboulis sur des centaines de mètres de hauteur, falaises de terre instable creusées par l'Indus ou la Hunza… Le terrain, meuble et neuf, est en perpétuelle évolution. Les habitants ont su en stabiliser les parcelles les plus accueillantes et ont créé dans ces vallées géantes de véritables édens, entre lesquels la nature reste terrible, inhospitalière : éboulements et torrents furieux, issus de grands sommets comme le Rakaposhi, pyramide étincelante qui domine les villages de ses 6 000 mètres ! Entre les potagers, et jusque dans les villages les plus pauvres, c'est une explosion de fleurs multicolores, luxuriantes, une rareté dans les sociétés agricoles où la terre est tout entière vouée à l'indispensable production. Les premiers voyageurs occidentaux ont cru arriver au Shangri La, le légendaire paradis. Aujourd'hui, alors que sur l'incroyable *Karakoram Highway* les camions décorés font une incessante noria entre le Turkestan chinois et Islamabad, l'impression demeure. S'il est un paradis en montagne, c'est bien là-haut, dans les vallées du Pakistan, au bout desquelles règne le deuxième sommet du monde, le célèbre K2, dit *Chogori*, la « montagne des montagnes ». ■

Les monts d'Alaska

Une tempête immobile de crêtes éblouissantes, comme suspendues en plein ciel. Des silhouettes massives. Du blanc, du bleu pâle, des ombres bleu marine sous l'éclaircie où le givre scintille dans l'air raréfié. Un univers fantasque, que des nuées inquiétantes gomment en un instant de la face du monde. Relégué dans le néant cotonneux des nuages, des neiges et des blizzards, le McKinley, point culminant de la chaîne de l'Alaska et de toute l'Amérique du Nord, devient inaccessible. Aux temps anciens, le peuple athabascan, qui habitait les parages, avait baptisé Denali, «le Roi», ce titan qui porte aujourd'hui officiellement le nom d'un ancien président des États-Unis. Royal, il l'est en effet ; il trône en majesté au cœur de son massif glaciaire géant, non loin de Mendale, «la Reine», plus modeste que lui. Les rigueurs du climat polaire, qui le soustraient une bonne partie de l'année aux yeux des mortels, lui valent dans le secret de l'interminable nuit arctique les lumineuses voiles boréales. Au printemps, scandant le jour sans fin, de brefs crépuscules lèvent leur rideau gris perle, et sur les abrupts de glace ruissellent les ors du soleil nouveau.

Pages précédentes : en Alaska plus qu'ailleurs, le jeu incessant des nuages et des vents fait ressortir les reliefs et jaillir du néant des formes éphémères, ici, dans le massif du Denali. L'apparition soudaine d'un rayon de soleil disloque d'un coup les nuées, et la succession de crêtes sans fin de la chaîne se découvre dans la froide lumière du Nord, rendant l'espoir aux alpinistes désœuvrés à cause du mauvais temps.

Pages suivantes : le Denali, encore parfois appelé McKinley, domine en majesté toundras et lacs environnants. C'est bien d'un roi qu'il s'agit (puisque telle est la signification de son nom), mais d'un roi capricieux, environné de phénomènes atmosphériques aussi violents qu'imprévisibles, et qui ne se laisse pas approcher facilement.

Ci-dessus : deux caribous solitaires cherchent une maigre pitance dans la toundra enneigée au pied des monts d'Alaska, dont la célèbre cordillère, déployée en éventail autour d'Anchorage et du golfe d'Alaska, se prolonge vers le sud-ouest par les monts Chigmit, puis par la chaîne des Aléoutiennes. Cette dernière s'étire vers le détroit de Behring en un chapelet d'îles et d'îlots, telle l'île Unimak dont le point culminant, le volcan Shishaldin que l'on voit ci-contre, se dresse à 2 861 mètres.

Les monts d'Alaska

par François Marsigny

À deux pas du cercle polaire arctique, la chaîne de l'Alaska clôt de façon magnifique l'énorme dorsale qui court de la Terre de Feu au détroit de Behring, et sur laquelle s'arc-boute l'ensemble du continent américain. Terres inuits situées vers 63° de latitude nord, cette chaîne dite *Alaska Range* se déploie en éventail au nord d'Anchorage — capitale du quarante-neuvième États des États-Unis —, sur 900 kilomètres de long, entre les monts Chigmit et la chaîne des Wrangel. Soit dit en passant, l'Alaska n'est que montagnes de glace et de neige, volcans furieux aux éruptions dévastatrices et fleuves glaciaires dont les débâcles charrient, telles des allumettes, les fûts de pins immenses arrachés aux dernières pentes, qu'ils roulent d'un méandre à l'autre le long des interminables festons de leurs lits brodés sur la toundra. Ce pays, dit « de la dernière frontière » en raison de sa position, détachée des États-Unis, face à l'Asie, attire depuis toujours chercheurs d'or et trappeurs. Accoutumés, comme les Inuits, aux grands froids de la région, ce sont eux qui, les premiers, s'élancèrent dans l'univers minéral et glacé du Denali, ou McKinley, dont les 6 194 mètres d'altitude en font le plus haut sommet d'Amérique du Nord. Ses températures estivales oscillent entre – 10 et – 30 °C. Aux alpinistes d'aujourd'hui, son massif offre des montagnes froides et techniques, aux nombreuses parois non encore explorées et qui requièrent d'importants moyens logistiques.

DANS LA LUMIÈRE, LE SCINTILLEMENT DU GIVRE

Un mois semblait le temps minimal à compter pour ouvrir un nouvel itinéraire sur l'un des principaux massifs du McKinley, dans cette chaîne de l'Alaska dont les noms exotiques, étranges — Denali, Mendale, Begguya —, sonnent comme autant de promesses de pentes glacées et de neiges vierges baignées dans l'air scintillant de givre en suspension. Impraticables durant les dix mois de nuit hivernale, ces montagnes, dont le climat peut être qualifié de sibérien puisqu'elles ont été rachetées aux Russes en 1867, sont accessibles de fin avril à mi-juin environ. Accessibles… Un mot bien entier pour désigner ce qui n'est, sur place, dans la réalité de ces pentes de glace, qu'une éventualité !

À l'arrivée, le premier choc vient de la lumière. Cette fameuse lumière du nord aux tonalités douces, subtiles, spectrales, qui se déclinent en un harmonieux fondu-enchaîné jusqu'au cœur de la nuit. À Talkeetna, village perdu à la lisière de ces montagnes, la réalité de l'expédition commence à m'apparaître. Talkeetna est le point de départ vers l'altitude. C'est la base des petites compagnies d'aviation qui assurent le transfert des alpinistes jusqu'au cœur du massif. Car, sans avion, il serait parfaitement impossible de se rendre à pied d'œuvre. Comment traverser l'infinie toundra marécageuse, zébrée de larges rapides dont les eaux glacées se heurtent aux labyrinthes de congères situés à la base des monts ? Ce territoire de trappeurs, que les ours disputent aux caribous, n'est pas fait pour les alpinistes qui, eux, arrivent directement par avion jusqu'à ce village hors du monde. C'est une sorte de *no man's land*, perdu au milieu de nulle part dans des paysages démesurés et où une poignée de vétérans du Viêt-nam défile sous la pluie. Image désespérée offerte à ceux qui attendent leur vol vers les cimes, histoire de les forcer à enterrer encore et encore le mythe de l'Amérique conquérante.

NEIGES BLEUTÉES ET GLACIERS TRANSLUCIDES

Après deux jours d'attente dans ce lieu désolé, un petit créneau météo permet à notre pilote de nous emmener au camp de base. En vol, la découverte des montagnes d'Alaska se fait progressivement. Après une première vision en vert et blanc — le vert sombre des pins et le blanc des sommets — vient le blanc de blanc, voire, dans le meilleur des cas, le blanc de bleu. Un univers désormais limité aux quelques dizaines de mètres carrés du camp perdu sur le glacier de Kahiltna au pied du mont Begguya, appelé aussi « mont Hunter ». Il nous apparaît grandiose, sublime, dans des éclaircies de trop courte durée pour qu'on se lance sur les pentes. Mais nous ne sommes pas seuls, car chaque instant de beau temps voit débarquer son lot de candidats au sommet dont le but est identique au nôtre : gravir une satanée montagne aux dimensions inhumaines. Au fil des jours, dans cette étrange société en miniature, véritable microcosme, nous gagnons en ancienneté, et le simple ballet des avions, qui déposent et reprennent, devient le seul dérivatif à notre insupportable attente. Le phénomène El Niño ayant bouleversé le climat, celui-ci, rigoureux en temps normal, s'avère proprement infernal. Monotones, les jours

L'aurore boréale jaillit au cœur de l'interminable pénombre hivernale. Lorsque apparaît le court été aux jours sans fin et lorsque la météo le permet, les alpinistes s'élancent sur les pentes. Ils grimpent souvent encordés, mais savourent en solitaires l'arrivée au sommet. Instant d'intense recueillement, qui ne se partage qu'après.
En bas **: un chaleureux refuge.**

s'enchaînent, sans même de coupure puisque cette saison n'a pas de nuits. La lumière jamais ne s'éteint en mai-juin à cette latitude si proche du cercle polaire, obligeant qui veut trouver le sommeil à déployer des trésors d'ingéniosité pour créer un artifice de nuit malgré l'éclat qui filtre au travers de la trop mince toile de tente. Un inconvénient qui est aussi un avantage, puisqu'il offre des journées de vingt-quatre heures à ceux qui ont l'endurance et l'entraînement pour enchaîner les ascensions, pourvu que le temps le permette, bien entendu ! En trente jours, il ne nous permit rien. Ou si peu... Juste une éclaircie de-ci, de-là, comme pour nous rappeler la magie de ces montagnes si froides, si étrangères aux humains. Quelques heures, durant lesquelles les éperons rocheux, les glaciers translucides, les neiges bleutées et les couloirs de la paroi qui domine le campement prennent des allures de château fantastique. Une montagne en fête, avec ses flocons de neige en suspension qui font scintiller l'espace infini d'un éclat presque insoutenable, avant que les parois, les sommets alentour ne se parent de couleurs de carnaval saupoudrées d'or et d'argent. Comme un voile qui, doucement, se lèverait sur un coin de notre mémoire endolorie de trop nombreuses attentes pour nous rappeler la raison de ce séjour absurde dans ces lieux inhospitaliers. Brève vision du paradis à portée de corde et pourtant inaccessible, avant de nous replonger dans le lancinant espoir d'une longue accalmie, notre clef pour le sommet.

LE SOMMET DES TARTARES...

Nous ne sommes pas seuls à Kahiltna, disions-nous. Une incessante noria d'avions bimoteurs vient en effet déposer son lot de prétendants à l'ascension. Leur passage dure généralement quarante-huit heures, le temps de préparer l'équipement et de l'arrimer à la luge qu'ils tireront jusqu'au camp médical, sorte de base avancée située vers 4 500 mètres d'altitude. Là, une équipe de médecins reste les deux mois de la saison pour étudier les effets de l'altitude sur l'organisme humain et pour porter assistance aux alpinistes atteints de gelures ou du mal aigu des montagnes. Toutes ces allées et venues, cette animation de ruche, cette attente indéfinie, ces préparations ont comme un relent d'absurdité qui n'est pas sans rappeler *le Désert des Tartares,* de Buzzati. Nous, là, prisonniers volontaires d'un espace si vaste qu'il est impossible d'en échapper — sauf en avion —, guettant dans le ciel les indices d'un improbable temps clément pour nous élancer vers l'inconnu des cimes par la voie la plus difficile ! Et puis d'autres, moins ambitieux, qui se contenteraient, si possible, de grimper un peu... Il y a parmi eux des originaux aux équipements extraordinaires, comme ce solitaire harnaché d'une sorte d'échelle horizontale au centre de laquelle il s'est attaché afin, semble-t-il, de rester bloqué entre les parois en cas de chute dans une crevasse. Ici, sur la « dernière frontière », tout est possible. Tout est permis pourvu que vous ayez les autorisations d'accès et que vous respectiez l'environnement, cette somptueuse nature sauvage, dite *wilderness*, aux parois fantastiques, dont certains sentiers, certes, sont balisés, mais dont la plupart sont encore à ouvrir. Pour nous, ce ne sera pas pour cette fois, car chaque jour apporte de nouvelles perturbations qui déposent d'importantes quantités de neige fraîche, rendant le terrain peu praticable, avalancheux. Les quelques heures de beau ciel, qui métamorphosent le paysage sous nos yeux, ne nous laissent jamais la possibilité de nous lancer dans l'expédition projetée. Notre temps s'est écoulé. Mais quelle importance, après tout... Vivant dans l'intimité de cette montagne, évaluant ses humeurs, supputant ses concessions, ivres d'espace et d'espoir, gavés d'attente, nous avons tant appris ! Avec, en prime, une paradoxale expérience de claustration dans cette immensité, parmi quelques-uns des géants de la planète.

Reste, sur le chemin du retour, une ultime épreuve imprévue, le passage obligé à Talkeetna, où l'explosion des odeurs et des couleurs agresse et étourdit, avant de les ravir, les sens de qui revient d'un long séjour dans l'univers sans odeurs, sans couleurs, des glaciers. Nous retrouvons la vie... parmi des essaims de moustiques voraces, ces « double-moustiques » du Grand Nord, jamais repus car ils n'ont que quelques semaines pour assurer la survie de leur espèce avant le retour du froid. Le froid, nous l'avons rejoint au mont Blanc, où nous avons ouvert une voie magnifique, comme si notre longue quête des cimes au pays de la « dernière frontière » n'avait été qu'une très belle mise en condition. La montagne d'Alaska nous avait donc donné, à notre insu, bien plus que la belle ascension refusée. Et puisqu'il est usuel de nommer les nouveaux itinéraires, nous appellerons celui-ci *Alaskan Freeway.* ■

Les Andes des glaciers

Deux heures avant la nuit, nous débouchions au sommet du Fitz Roy. À nos pieds, à l'ouest, s'étendait le Hielo Continental, « glace continentale », dont la blancheur spectrale se perdait dans les lointains. À l'est, la pampa, avec ses ocres, ses fauves, tachés du bleu profond des lacs. Plus tard, en silence dans la nuit qui s'avançait, nous avons entamé une descente périlleuse avec mes compagnons de cordée, bousculés par un vent furieux... Pourquoi le Fitz Roy et ses « petits » 3 375 mètres plutôt que le Huascaran, dans la vallée Blanche péruvienne, ou le Chimborazo, dont le cratère enneigé bée à 6 272 mètres dans les cieux de l'Équateur ? Pourquoi pas quelque géant bolivien, tel l'Ancotuma ou l'Illimani, dont les neiges éternelles, vers 6 000 mètres d'altitude aussi, se fondent dans les nuages ? Ou bien encore l'Aconcagua argentin, dont les 6 959 mètres battent le record d'altitude de toute la cordillère ? Sur 8 000 kilomètres de long, la cordillère des Andes, ce monstrueux relief qui ourle toute l'Amérique du Sud, du Venezuela à la Terre de Feu, offre tant de hauts sommets bardés de glaces et de neiges à défier ! Certes, mais avec ses granits aigus comme les dents d'un requin prêt à déchirer les nuées, avec ses parois verticales et ses tempêtes fantastiques, le massif du Fitz Roy est l'un des plus difficiles d'accès au monde. Une montagne mythique en pays mythique : la Patagonie. Terre ultime, somptueuse, où les éléments se déchaînent, « écorchant les hommes à vif ».

Le Fitz Roy (à droite) et l'aiguille Poincenot (à gauche) : deux des fleurons du parc national des Glaciers en Patagonie. Aussi appelé El Chalten, c'est-à-dire « la montagne qui fume », le Fitz Roy est un sommet difficile d'accès sur lequel les éléments déchaînés se jouent des hommes qui fréquentent ses parois. Malgré l'altitude modeste, les tempêtes qui y sévissent peuvent atteindre une rare violence.

Pages précédentes : situé en Équateur, le Cotopaxi, au cratère ceint d'une calotte glaciaire, culmine à 5 897 mètres d'altitude (à gauche). Toujours en activité, il révèle les forces sous-jacentes qui animent l'écorce terrestre dans ces régions. La neige et la glace façonnent les hauts monts de Bolivie (à droite) qui, sans elles, seraient beaucoup plus détritiques et ruiniformes.

Pages suivantes : cette vision, comme irréelle, d'une montagne aux flancs couverts d'*ice-flute* tel ce sommet andin, sera-t-elle reléguée parmi les souvenirs ? Déjà, sur les sommets voisins du premier plan, l'immaculée blancheur s'estompe sous les températures en hausse, laissant la place à l'amas des cailloux d'un versant délité.

Enfilade de sommets de la cordillère Blanche péruvienne. Victimes du réchauffement du climat provoqué par les activités humaines, de nombreux glaciers de ces massifs montagneux, parmi lesquels trône le Huascaran à 6 768 mètres, semblent appelés à disparaître dans un avenir proche.

Les cônes parfaits de deux volcans chiliens aux cratères couverts de neige se reflètent dans l'un des lacs d'altitude, appelés ici « lagunes », qui souvent se forment à leur pied. Le ciel assombri est annonciateur de l'une de ces tempêtes d'une folle violence qui s'abattent sur la région.

Les Andes des glaciers

par François Marsigny

Du Venezuela à la Terre de Feu, la cordillère des Andes ourle la côte pacifique de l'Amérique du Sud sur toute sa longueur : 8 000 kilomètres, étirés sur sept pays. C'est le plus grand ensemble de la planète, avec ses montagnes jeunes couvertes de forêts vierges denses comme du persil vues d'avion, avec ses volcans géants aux cratères emplis de lacs aux couleurs étranges, avec ses sommets enneigés, étincelants de glaces, dressés à près de 7 000 mètres dans les nuages, qu'ils accrochent. Comme le Huascaran, dans la *Cordillera Blanca* péruvienne, dont le double sommet enneigé culmine, au sud, à 6 768 mètres, comme le blanc Huandoy aux quatre pics, dont le plus élevé, celui du nord, atteint 6 395 mètres, ou bien comme l'Aconcagua, le géant argentin, dont les 6 959 mètres en font le point culminant de toute la cordillère. Et puis comme les massifs à l'extrême sud, qui malgré leur modeste altitude — autour de 3 500 mètres — comptent parmi les plus belles montagnes de neige et de glace de toute la cordillère, tels les aiguilles du Paine, au Chili, et le célèbre massif du Fitz Roy. Ses puissants pics de granit, qui cisaillent le ciel aux confins de l'Argentine et du Chili, en Patagonie, ne dépassent pas 3 375 mètres d'altitude ; pourtant, ses vertigineuses parois verticales englacées et les tempêtes de neige que lui valent le *pampero*, ce vent froid qui souffle de l'Antarctique, font qu'il compte parmi les reliefs les plus difficiles à gravir.

LE FRACAS INCESSANT DU GLACIER DANS LE LAC

Pour nous, cette fois-là, le but à atteindre dans le massif du Fitz Roy était le Cerro Torre par une voie nouvelle. L'approche, par route, est progressive. D'abord, l'arrivée à El Calafate, petite ville blottie au bord du lac Argentino, juste une immense avenue battue par des vents furieux où l'on prend rapidement la mesure du lieu et de son caractère sauvage. C'est le point de départ de l'excursion vers le Perito Moreno, où le front du glacier se jette dans le lac dans le fracas incessant de l'effondrement de la glace. C'est aussi le départ vers le Fitz Roy et le Cerro Torre, situés à 250 kilomètres au nord, dont on atteint le pied en quatre heures d'une route poussiéreuse à travers des paysages de lacs et de pampa. Au pied, c'est El Chalten, village sans grâce où, pourtant, l'instant de l'arrivée est toujours émouvant : après avoir aperçu les montagnes — si le ciel est clair — dans un lointain incertain depuis la rive opposée du lac Viedma, dont un gigantesque glacier abreuve les eaux bleu turquoise pâle, on réalise ici ce qui reste à accomplir pour les gravir. Tout commençait parfaitement bien. L'attente au camp de base était ponctuée de quelques incursions vers la montagne pour l'apprivoiser, se faire à la démesure de ses parois. Vint enfin l'action, toujours salvatrice, le début de l'ascension, loin des doutes et des questions incessantes.

DANS L'IRRÉELLE BEAUTÉ D'UN TUNNEL DE GLACE

Pour notre cordée, la première partie de l'ascension s'était déroulée comme prévu, et nous avions rejoint le bien nommé col de l'Espérance après de trop longues heures d'exposition sous un « violent » sérac haut d'environ 150 mètres, qui par chance ne s'effondra pas. De nuit, l'ombre portée du Cerro Torre éclairé par la pleine lune était d'une idéale beauté. Inaccessible. Pourtant, les longueurs de corde s'enchaînaient, chacun assumant sa part de travail. Mécanique bien huilée d'alpinistes sûrs de leur technique. Mais en débouchant sur la selle neigeuse de la cime, directement exposée aux tempêtes du Pacifique, l'aventure bascula. Ici, il suffit d'un nuage pour que le pire se déchaîne, or le ciel se couvrait… Une crevasse de glace offrait un abri salvateur où prendre un peu de repos après quelque soixante heures sans dormir vraiment. La tempête déchaînée nous bloqua trois nuits dans cet abri précaire, trois nuits humides et froides avant qu'une timide éclaircie nous permette de reprendre l'ascension. Nous naviguions au gré du relief de glaces dans un décor hallucinant lorsque revint la tempête. Une grotte de glace taillée dans la paroi béait devant nous. Nous y entrâmes. Une fois la croûte extérieure franchie, nous pénétrâmes dans un réseau miniature de galeries glaciaires, sorte de décor pour film fantastique. Notre quatrième nuit s'y écoula sans que le vent, dehors, ne faiblisse.

De gauche à droite **: les formations glacières des hauts sommets andins sont liées aux précipitations abondantes qui tombent en altitude et au vent omniprésent qui façonne ces étranges sculptures de neige (en haut). Un vent contre lequel les gens se protègent par des empilements de vêtement chauds, parfois en poils de lama ou de vigogne (au-dessous), et que brave le majestueux condor (à droite).**

MONSTRUEUSES CREVASSES DU HIELO CONTINENTAL

Le lendemain, à cours de nourriture, nous décidâmes que nous redescendrions par l'autre versant de la montagne vers le Hielo Continental, l'une des plus importantes masses glaciaires de la planète avec ses 450 kilomètres de long. D'un registre purement alpin jusqu'alors, où primait la technique, le parcours des jours suivants devait nous mener au bout de nous-mêmes, dans une aventure où se jouait notre vie. Il fallut abandonner notre équipement d'alpinistes, désormais superflu, dans l'inhumain labyrinthe de crevasses du Hielo Continental. Sans carte, sans GPS, nous dûmes avancer à l'instinct, tout en essayant de tromper la fatigue et la faim, d'économiser nos forces pour faire un pas, puis quelques pas de plus encore. Les jours s'enchaînaient, tous pareils. Nous marchions. Enfin, aux monstrueuses ornières de glace succéda le vertige horizontal de la pampa, où pissenlits et fleurs de trèfle nous semblèrent presque un festin ! Et puis, une plume de condor, sur le sol, nous indiqua que nous revenions vers le monde des vivants. Et en effet, après neuf jours d'alpinisme et d'errance, nous nous retrouvions au Puesto Tunnel de l'*estancia* Santa Fe, à 30 kilomètres de notre point de départ. Un miracle. L'unique gardien des lieux, Ernesto, homme d'une extrême pauvreté, s'était pour une fois préparé un ragoût de mouton et du porridge, véritable repas de fête qu'il nous offrit, en même temps que son hospitalité. Celle d'un prince.

ENVOÛTEMENTS DES ANDES PATAGONNES

Il n'est néanmoins pas nécessaire de vivre de tels extrêmes pour s'attacher follement à ces montagnes, à ce pays que l'on dit magique, envoûtant. Est-ce le vent auquel il faut se plier, que l'on doit accepter sous peine de devenir fou et dont on ne peut imaginer l'emprise avant de le connaître ? Le vent et sa musique qui assèche, qui tord, qui emporte… Oui, le vent. Et aussi le maté, cette boisson brune et si âcre, avec son rituel. Ses silences partagés. La chaleur dégagée par la *calabasa* — petit récipient lisse et oblong, au col resserré — lorsqu'elle arrive entre vos mains. Quand, autour de vous, les éléments en furie se déchaînent, le partage du maté vous rappelle que vous n'êtes pas seul, et ce même si les montagnes restent invisibles et que les journées au camp de base sont interminables. El Chalten est le point de départ, mais aussi le terminus. Fenêtre sur la beauté du monde, cette petite enclave argentine, perdue à la base des parfaits symboles du presque inaccessible que sont ces montagnes, offre la vision orangée des pics granitiques se découpant sur

le ciel bleu sans limites, ou bien celle, dramatique, des nuages qui explosent au contact des cimes, auxquelles ils donnent des allures de volcans. C'est ce phénomène qui vaut au massif son nom indien : avant que les Européens ne le baptisent Fitz Roy, les Tehuelches l'avaient appelé Chalten, « montagne qui fume ». Selon une légende locale, qui mange des baies de *calafate* — une plante que l'on trouve là-bas — sera lié pour la vie à cette terre, à ces Andes patagonnes, et y reviendra toujours. L'auteur de ces lignes doit l'avouer… il s'en est gavé. ■

Le mont Blanc

« **L**e mont Blanc se découvrit soudain à nos regards, si splendidement magnifique, si en dehors des formes et des couleurs terrestres, qu'il nous sembla qu'on ouvrait devant nous à deux battants les portes du rêve. » Théophile Gautier, en 1861, avait ainsi traduit son « éblouissement d'admiration » dans la vallée du Faucigny, lorsque, pour la première fois, se profila devant lui la silhouette dominatrice de la souveraine montagne toujours coiffée de neige, qui depuis plus de deux siècles attire des foules d'admirateurs et de grimpeurs. Le mont Blanc, aux confins de la France, de l'Italie et de la Suisse, est bien plus que le sommet le plus élevé des Alpes et le « toit de l'Europe », bien plus qu'un massif ! C'est un univers mythique. Et le berceau de l'alpinisme. Des paisibles vallonnements glaciaires du Tour aux tempêtes pétrifiées de Peuterey, des fantastiques dentelles de pierre des aiguilles aux austères vertiges des immenses parois nord, et des gracieuses ondulations des dômes de Miage aux belles parois de granit porphyroïde vert du Grand Capucin s'y déploient des reliefs spectaculaires. Les trésors du rêve. Un rêve dont les portes, une fois ouvertes devant le voyageur ébloui, ne se referment jamais.

Ci-dessus : c'est depuis les Aiguilles-Rouges que se déploie le mieux le panorama du massif du Mont-Blanc. De gauche à droite : les aiguilles de Chamonix, le mont Blanc du Tacul et le mont Maudit, qui dominent le glacier des Bossons, le mont Blanc proprement dit, au-dessus du glacier de Taconnaz, puis le dôme et l'aiguille du Goûter, et enfin l'aiguille de Bionnassay.

Ci-contre : depuis les clochetons de Planpraz, une vue plus serrée sur le mont Blanc du Tacul, le mont Maudit, le mont Blanc et le dôme du Goûter.

Pages précédentes : le dôme sommital du mont Blanc avec, bien visibles, les traces d'ascension et, à l'arrière-plan, l'arête rocheuse du mont Blanc de Courmayeur (à gauche). Une autre ascension classique et peu difficile du massif, la traversée Midi-Plan, qui mène du téléphérique de l'aiguille du Midi à l'aiguille du Plan par une arête neigeuse aérienne et sinueuse (à droite).

Pages précédentes : depuis l'aiguille du Midi se déploie le magnifique paysage de la vallée Blanche, bassin supérieur de la Mer de Glace, avec sur la gauche le col du Géant et, à l'arrière-plan, le massif du Grand Paradis.

En hiver, la neige accuse le relief des versants et souligne les rainures des couloirs d'avalanche. *À droite* : une chute de séracs balaye la paroi nord des Courtes, dans le bassin d'Argentière. De tels phénomènes représentent un grand danger, car il n'est pas toujours possible d'éviter de se trouver dans leur trajectoire. C'est notamment le cas pour l'ascension du mont Blanc depuis le refuge des Grands-Mulets, où le parcours est exposé aux chutes de séracs du dôme du Goûter.

Le mont Blanc

par Sylvain Jouty

Pureté souveraine de l'altitude. Masse resplendissante trônant là où s'amoncellent les nuages, à des centaines de mètres au-dessus des autres sommets, le mont Blanc domine les quelque 227 kilomètres carrés de merveilles du massif auquel il appartient, au cœur des Alpes, cette formidable barrière étirée en arc de cercle sur 1 200 kilomètres, du golfe de Gênes aux Carpates, et où le Rhône, le Pô et le Rhin prennent leur source. Quel contraste entre l'« échine de lourd cétacé » du sommet, selon l'expression du géographe Raoul Blanchard, et l'élancement altier des aiguilles de granit ! Malgré cette opposition, peu de massifs alpins possèdent une telle unité. Nettement isolé des reliefs voisins par des vallées profondes et des cols bien marqués, l'ensemble du Mont-Blanc s'en distingue surtout par ses monts granitiques d'une extrême vigueur, dont les sommets spectaculaires dominent de vastes bassins glaciaires. Longtemps considérés comme inaccessibles, ils peuvent au moins être contemplés depuis les fleuves de glace.

L'aiguille du Midi est, grâce à son téléphérique, le point de départ de nombre d'ascensions. Du sommet de l'aiguille, le mont Blanc est à peine visible derrière le mont Maudit et le mont Blanc du Tacul. *À droite* : ces reliefs offrent un terrain d'entraînement pour les militaires du 93e régiment d'artillerie de montagne de Grenoble.

Comme la mer du Groenland soudain gelée, le mont Blanc est représenté dès 1444 sur l'un des premiers tableaux de paysage, *la Pêche miraculeuse*, de Conrad Witz, et il paraît étonnant qu'il soit demeuré si longtemps méconnu. Appelé « mont Mallet » dans un mystère médiéval, puis « montagne maudite » sur une carte du XVIIe siècle, il dut attendre qu'un savant genevois, ami de Newton, en mesurât l'altitude pour qu'enfin on s'intéresse à lui ! En 1741, les premiers « touristes » débarquent à Chamonix et se font conduire au Montenvers, où le spectacle de la Mer de Glace, le plus grand glacier des Alpes françaises, les plonge dans la stupéfaction. Qui se serait douté qu'à trois jours de Genève existât une telle merveille ! Bien dans l'embarras pour la décrire, les voyageurs la comparèrent à la mer du Groenland — qu'ils ne connaissaient que par des récits — subitement gelée lors d'une tempête. La renommée du mont Blanc était dès lors assurée, et l'élite européenne, de Goethe à Schopenhauer, de Turner à Doré, de Mendelssohn à Wagner et de Chateaubriand à Michelet, fera le « pèlerinage » du Montenvers, risquant quelques pas sur la Mer de Glace, voire, comme l'écrivain Astolphe de Custine, allant jusqu'à s'aventurer au Jardin de Talèfre, oasis de verdure au milieu des neiges d'où se déploie l'un des plus beaux panoramas du massif. Dans les débuts, d'ailleurs, on ne faisait guère de différence entre le mont et son massif. On venait simplement admirer ces « glacières », qui étaient alors dans leur plus grande extension historique et dont seules gravures et photos permettent aujourd'hui d'imaginer la splendeur perdue. Sommet du mont Blanc et massif du Mont-Blanc étaient confondus au point que plus d'un voyageur disait avoir gravi le mont Blanc… jusqu'au Montenvers.

LE BERCEAU DE L'ALPINISME

En 1760, Horace Bénédict de Saussure, un jeune savant genevois, arrivait pour la première fois à Chamonix et, d'emblée, proposait une récompense à qui trouverait le chemin du sommet. Nul n'y parvint alors, et il fallut attendre vingt-six ans encore pour que deux Chamoniards, le cristallier Jacques Balmat et le médecin Michel-Gabriel Paccard, en aient raison. C'était le 8 août 1786 à 18 h 23. Que ressentirent ces deux hommes, dans le froid, le vent et l'obscurité croissante, dans cet univers inconnu, sur le « toit de l'Europe », où nul avant eux n'avait mis le pied ? Sans doute un mélange indissoluble de fatigue, de joie, de fierté et, probablement aussi, un peu de peur. Des émotions, en tout cas, qui n'empêchèrent pas Paccard, correspondant de l'Académie des sciences de Turin, de prendre le temps de graver à l'aide d'un diamant, sur le tube de verre de son baromètre, le niveau atteint par le mercure. À près de 19 heures, les deux compagnons s'engagèrent dans la descente et parvinrent, à la faveur de la lune, à regagner leur bivouac de la veille. Une nouvelle ascension, l'année suivante, et la publication des expériences scientifiques menées par Saussure sur le sommet amplifièrent la renommée de Chamonix et de la Mer de Glace. L'ascension du mont Blanc lui-même devait demeurer longtemps exceptionnelle, ne serait-ce que parce qu'elle coûtait cher, du fait notamment des nombreux guides qu'imposait la Compagnie des guides

de Chamonix. Quant aux autres sommets, ils étaient pour la plupart trop difficiles pour un public de novices. En 1864, enfin, commença vraiment leur conquête, avec l'arrivée d'un montagnard surdoué, le jeune graveur anglais Edward Whymper qui, en partie pour aider son ami Adams Reilly à dresser une carte du massif, vainquit en peu de temps six sommets importants, dont la redoutable aiguille Verte. Une ère nouvelle s'annonçait : celle de l'alpinisme. Le mouvement était lancé. Il ne fit que s'amplifier. Chaque sommet, du plus prestigieux à la pointe la plus minuscule, fut conquis, puis ce fut le tour des faces, des arêtes, des « directes », des « variantes », des « goulottes », des « piliers »... Vinrent ensuite les ascensions « en solitaire », les « hivernales en solitaire », puis les traversées et les enchaînements d'itinéraires, et enfin, aujourd'hui, les sauts en parapente et les folles descentes des pentes les plus vertigineuses, à ski ou en snowboard... Qui dira mieux ? L'escalade n'est pas seulement celle du sommet ! Le massif du Mont-Blanc, inépuisable terrain de jeu, ne cessera sans doute jamais de se complexifier et de s'étoffer, ce qui vaut à Chamonix le surnom mérité de « Mecque de l'alpinisme ».

ASCENSION MYTHIQUE, SPLENDEURS ET SERVITUDES...

Qu'on ne croie pas pour autant que le massif ne dévoile ses charmes qu'aux seuls adeptes de l'ascension ! Au contraire. Les montagnes sont souvent plus belles vues du bas, ou d'en face. De tous côtés, des sentiers-balcons permettent d'en admirer la sublime harmonie, et le tour du Mont-Blanc, qui emprunte ces sentes, est le plus fréquenté de tous les chemins de grande randonnée. Marcher le regard rivé sur les splendeurs du massif est, pour beaucoup de randonneurs, une façon d'approcher le sommet qu'ils graviront un jour. Avec l'aide d'un guide, l'ascension du mont Blanc est à la portée de bien des sportifs — entraînés et en bonne santé — car, techniquement, la difficulté n'est pas très grande. Ils sont nombreux, chaque année, à tenter l'ascension mythique qui, pour le débutant comme pour l'alpiniste chevronné, compte parmi les temps forts d'une vie.

Par la voie dite « normale », lorsque les conditions météo s'y prêtent, il faut d'abord atteindre le refuge de l'aiguille du Goûter, situé à 3 817 mètres d'altitude. C'est l'étape traditionnelle... à prendre d'assaut ! Faute de place, on y dort sur les tables, mais qu'importe : la nuit sera courte. Vers 3 heures du matin, en effet, une longue cohorte de fantômes hésitants, endormis, lampes frontales allumées, s'égrène dans les pentes sans difficulté du dôme du Goûter. Les cordées s'étirent, l'altitude se fait sentir tandis que le ciel s'éclaircit et que l'aube, enfin, illumine l'aiguille du Midi. Avec ses 3 842 mètres, elle paraît maintenant si petite ! Le dénivelé se durcit et, vers 4 362 mètres, aux alentours du refuge Vallot, beaucoup renoncent, vaincus par le mal des montagnes. Ne reste pourtant que la fine arête des Bosses, qui lentement, très lentement, s'aplanit jusqu'à la calotte neigeuse du sommet, un sommet que l'on voudrait avoir pour soi tout seul. Mais malgré la fatigue, malgré le mal de tête et les nausées dus à l'altitude, malgré les autres, ces autres qui, eux aussi, ont persévéré, le moment est pure magie : perché dans le ciel, en haut du point le plus élevé du continent Europe, on domine tout. Chamonix s'étend 4 kilomètres en dessous, tout en bas... Le Brévent, d'où le « mont Blanc est en verve », comme disait Théophile Gautier, se dresse à plus de 2 kilomètres... On le ressent, rien n'est ici question de mesures, mais d'espace, d'infini.

LES SECRETS CHEMINS DES ÉCOLIERS

Il est bien d'autres chemins que cette voie dite « normale » pour atteindre cet espace ! Certains sont difficiles, tel celui qui emprunte l'arête intégrale de Peuterey, le pilier du Frenay ou le grand pilier d'Angle, et qui compte au nombre des plus longues et des plus dures ascensions alpines. D'autres, moins exigeants, permettent cependant d'éviter la foule. Avec quelle émotion nous avions, voici quelques années, une fois encore, emprunté le nôtre pour être seuls dans le silence, la splendeur du massif. Au matin, nous étions partis des Contamines pour le petit refuge Durier, qui n'était pas encore gardé : 2 300 mètres de dénivelé, la plus belle « bavante » des Alpes. Le mauvais temps, là-haut, nous avait contraints à un jour d'attente. Une journée à rêver, loin du monde, tandis que les nuages s'enroulaient autour de crêtes fantomatiques... Le soleil revenu, nous étions partis par l'aiguille de Bionnassay — vierge de toute trace comme au premier jour du monde — et sa longue arête ourlée d'impressionnantes corniches, que nous avions suivies chacun dans son îlot de pensées, tendu dans l'effort, dans l'affrontement avec l'altitude. Aucune trace humaine avant le dôme du Goûter, où ne restaient que peu de gens. Les autres, « ceux de la voie normale », étaient déjà redescendus. Ce jour d'été était magnifique. Ne restaient sur l'arête que quelques cordées et, au sommet du mont Blanc, trois alpinistes seulement, avec lesquels nous avons échangé des fruits secs... Dans le massif du Mont-Blanc, l'un des plus célèbres de la terre, demeurent encore bien des vallons oubliés, des sommets vierges de traces, et même des refuges vides. Les secrets chemins des écoliers... ■

Montagnes de Terre et de Pierre

Le Hoggar

La Garet el Djenoun, « montagne des génies », était pour Roger Frison-Roche, le grand découvreur du Hoggar, la plus belle cime de tout ce vieux massif du Sahara algérien. De son sommet, les horizons lointains que l'on découvre donnent l'impression que l'on est proche des bords de l'univers. Que, loin là-bas, il n'y a plus rien que le vide absolu. La nuit saharienne et sa résille serrée d'étoiles nous avaient laissé croire que nous avions franchi le bord et que, sur notre vaisseau de granit, nous côtoyions les constellations. Certes, nous aurions pu tenter l'ascension dans la journée, mais nous avions trop rêvé à ce bivouac en plein ciel pour ne pas le prévoir. Il fut grandiose. De ceux où l'on regrette de devoir s'endormir. Et où l'on s'éveille, dans le froid saharien du petit matin gorge-de-pigeon, comme en rêve. Après avoir, une journée durant, surmonté le beau défi technique du ressaut terminal, nous avons retrouvé au sommet nos amis venus à notre rencontre, et l'eau qu'ils nous apportaient. Toute l'escalade s'est révélée superbe, et à la griserie de se savoir sur une grande voie s'ajoutait l'euphorie d'être sur la montagne parfaite au milieu du désert parfait.

Ce qui frappe d'abord dans le massif de la Téfédest, c'est son extrême sécheresse. Que l'on soit au pied de l'I'n Oucoulmou (ci-dessus) ou à celui de la Garet el Djenoun (ci-contre), on se sent dans le vrai désert, celui où l'on ne peut que survivre. D'ailleurs, jamais les Touareg qui habitent alentour depuis des générations n'ont songé à l'escalader. Paysans nomades, ils ne voient pas l'intérêt de risquer leur vie dans ces montagnes difficiles d'accès.

Pages précédentes : constitués de grès, les tassilis qui encerclent le Hoggar sont travaillés par l'érosion. De véritables forêts de pierre cachent des dédales recelant des vasques d'eau claire, les fameuses *gueltas* sahariennes, où les Touareg remplissent leurs *guerbas*, outres en peau de chèvre.

Le Hoggar

par Bernard Amy

Qui s'en va gravir la Garet el Djenoun a l'impression de partir à la rencontre de l'aventure absolue, l'exploration rêvée au cœur du plus grand désert de la planète. Cette montagne n'est pourtant pas la plus connue du Hoggar, très vieux massif volcanique démantelé du Sahara algérien dont les pitons fantastiques se dressent au-dessus de plateaux de granit et de gneiss. Pour beaucoup de voyageurs, c'est une montagne trop lointaine. Pour les géographes, elle n'est pas au centre du Hoggar géologique. Et ce sont plutôt les pics jumeaux des Tezoulaigs, tels qu'on les voit depuis l'ermitage du plateau de l'Assekrem, qui symbolisent le plus souvent les montagnes du grand Sud algérien. Représentées sur toutes les affiches touristiques, leurs grandes orgues volcaniques ourlées d'ombre par le soleil du désert se dressent à près de 3 000 mètres au sommet de l'immense bouclier montagneux qui occupe le cœur du grand désert saharien.

LE CHÂTEAU FORT, SES TOURELLES ET SA TOUR DE GUET

L'explorateur et géologue Conrad Kilian décrivait ce plateau comme un massif à trois enceintes entourant les jaillissements volcaniques centraux qui, non loin des Tezoulaigs, culminent à Tahat, à 2 999 mètres. Mais si l'enceinte la plus extérieure, celle des tassilis gréseux, est assez bien marquée — elle entoure presque de toutes parts les régions centrales —, les deux autres enceintes, cristallines et volcaniques, sont loin d'être aussi continues. En fait, à l'intérieur du cercle dessiné par les tassilis s'étend un immense massif cristallin dont le centre est recouvert par des écoulements volcaniques relativement récents. Pour reprendre, en la modifiant légèrement, la métaphore de Kilian que rapportent Bernard Pierre et Claude Aulard dans leur guide des escalades au Hoggar, l'Atakor volcanique central serait le château fort et ses tourelles, le tout flanqué au nord d'une puissante tour de guetteur en granit : la Garet el Djenoun. Et, à pic sur le fossé d'enceinte, en pente douce vers l'extérieur, les immenses glacis périphériques des tassilis.

Pour l'alpiniste, l'organisation du massif est tout autre. Elle est d'abord déterminée par les difficultés d'accès et l'isolement des régions visitées. De Djanet, au nord-est, on atteint facilement les contreforts du tassili des Ajjer et, plus à l'ouest, les parois qui dominent le petit poste d'Amgid. De Tamanrasset, au sud, quelques heures de piste suffisent pour rejoindre la région du plateau de l'Assekrem, dont les sommets dominent la piste, très fréquentée en période hivernale. Même si le désert environnant invite à la prudence, la civilisation est relativement proche, on le sent.

TELLE UNE IMPRENABLE CITADELLE

Dès qu'on aborde le massif granitique de la Téfédest, l'ambiance change complètement. Situé à peu près à mi-chemin entre l'Atakor et le tassili des Ajjer, et donc loin des deux villes du grand Sud algérien, il est entouré de plaines immenses — le fameux Ténéré saharien —, qui accentuent l'impression d'isolement. Celle-ci est particulièrement sensible à l'extrémité septentrionale de la chaîne, dans le massif désertique de la Garet el Djenoun, qui apparaît ainsi au grimpeur comme la montagne la plus centrale du Hoggar. Elle en est aussi la montagne la plus « alpine », même si avec ses 2 330 mètres d'altitude elle n'est pas le point culminant de la Téfédest (le plus haut sommet se trouve à l'autre extrémité la chaîne, 150 kilomètres plus au sud, à l'I'n Oucoulmou, très belle coupole de granit de 2 336 mètres que l'on aperçoit de loin en venant de l'Atakor). Ce qui donne à la Garet el Djenoun son caractère de grande montagne, ce sont ses imposants reliefs, qui font d'elle le modèle parfait de la citadelle imprenable. Ses gigantesques murailles monolithiques et verticales tombent à pic sur des chaos de blocs inextricables qui descendent jusqu'aux vastes plaines de l'oued Igharghar. Immensité du désert à traverser pour atteindre son pied, complexité de l'approche, difficulté des voies d'ascension, tout fait de la Garet el Djenoun l'archétype de la montagne dont rêvent les alpinistes.

EN PLEINE ATLANTIDE SUR UN MONSTRUEUX VAISSEAU

Il n'est dès lors pas étonnant que la première ascension de la Garet el Djenoun, le 15 avril 1935, ait marqué véritablement le début de la découverte alpine du Hoggar. Compte tenu des défenses rocheuses de la citadelle, il fallait un habile escaladeur : ce fut Roger Frison-Roche. Comme

son isolement faisait de cette ascension une véritable expédition, il fallait un excellent saharien : ce fut le capitaine Raymond Coche, chef de la mission Coche organisée pour explorer le Hoggar, et en particulier reconnaître les peintures rupestres du Haut-Mertoutek, à l'extrémité sud de la Téfédest. Quand les deux hommes atteignent la cime, ils y découvrent un vaste et vertigineux plateau où, plus que partout ailleurs au Hoggar, les espaces de l'altitude et les espaces sahariens se conjuguent pour construire un paysage unique, inoubliable. L'impression de vide est extraordinaire. La vue porte sur d'inimaginables immensités désertiques piquetées d'îlots montagneux lointains qui paraissent flotter sur les sables. Lorsque, bien des années plus tard, l'auteur de ces lignes et Christian Recking sont arrivés sur ce même sommet, ils pouvaient mot pour mot s'approprier la description laissée par Roger Frison-Roche ! Comme lui, « nous naviguons en pleine Atlantide, sur le plus monstrueux vaisseau que notre imagination ait jamais pu enfanter. Huit cents mètres de la poupe à

Ci-dessus : les écarts considérables de température forment la roche que sables et vents abrasent, si bien qu'elle adopte des formes étranges et un beau poli, comme ces immenses miroirs de pierre longtemps utilisés par les peuples du Sahara pour y graver des silhouettes humaines ou animales. *À gauche* : dans le plateau sommital de la Garet el Djenoun, le vent a creusé des marmites géantes qui conservent l'eau souvent sablonneuse des orages.

la proue, trois cents mètres de bâbord à tribord. De tous côtés, l'à-pic fuit, sans rémission. Vers le nord et vers l'ouest, rien n'arrête le regard. La plaine de sable fin s'étale à perte de vue, avec ses petites garas noires [...]. À l'est, le reg uniforme de l'Amadror brille comme une coulée de métal en fusion à travers les échancrures d'une chaîne de montagnes inexplorées. » Au sud s'étendait la Téfédest, immense, mystérieuse, monstrueux labyrinthe granitique où s'entrecroisent canyons perdus, failles cachées ou presque inaccessibles et plateaux rarement visités.

UNE MONTAGNE INTERDITE HABITÉE PAR LES DÉMONS

Le sentiment d'isolement total que l'on ressent sur la Garet el Djenoun est accentué par l'extrême sécheresse de la région. Qu'il soit marcheur ou passionné d'escalade, le voyageur est ici contraint à une stricte organisation, l'eau étant son principal souci. Lorsque les premiers ascensionnistes de la Garet regagnèrent leur camp de départ, ils étaient épuisés tant par l'effort que par la soif. Et tous ceux qui sont partis pour son sommet ont connu le dilemme entre la nécessité de se charger d'eau et le poids excessif qui ralentit et fatigue en accentuant la soif. Une difficulté qui fait partie intégrante du jeu. La Garet el Djenoun, parce qu'elle est à la fois montagne et désert, oblige à bien connaître et la montagne et le désert. Les récits de Frison-Roche devaient susciter bien des vocations, mais beaucoup de ceux qui, à sa suite, répondirent à l'appel du désert le firent dans un état d'esprit proche de celui qui avait prévalu dans les hautes vallées alpines aux premiers âges de l'alpinisme. Les sommets comptaient plus que les populations locales, et lorsqu'on s'intéressait aux guides locaux, c'était souvent pour les décrire comme les chameliers de l'expédition Coche : des gens à qui la montagne inspirait « une terreur panique », pour qui la Garet était une terre interdite, habitée par les démons et objet de terribles légendes.

Cette « occidentalisation » du Hoggar a culminé lors de l'importante expédition organisée à Noël 1958 par le Club alpin français. Une soixantaine de grimpeurs parcourront tout le Hoggar et laisseront au sommet de la Garet el Djenoun une plaque commémorative dont le texte ne laisse aucun doute sur leur façon de voir ce pays : « Au sommet de la montagne des Génies, le vent, le sable et les étoiles unissent les jeunes alpinistes du Club alpin français aux anciens sahariens, hommes de science, religieux, enseignants et militaires, qui donnèrent un sens à ce désert, terre française. En hommage, ils ont veillé dans le souvenir du passé et l'espoir des lendemains. 31 décembre 1958, 1er janvier 1959. »

LE HOGGAR, TERRE TARGUIE...

Il faudra attendre les années soixante-dix pour que des alpinistes occidentaux abordent le Hoggar dans un autre état d'esprit et réalisent vraiment que ce désert est, non pas traversé, mais véritablement habité par une civilisation. Celle des Touareg qui, depuis des siècles, lui a donné un sens tout aussi riche et attachant que celui inventé par les Occidentaux. Cette nouvelle approche est due, en partie, à Jean-Louis et à Odette Bernezat. En 1969, ils organisent leur première méharée, au cours de laquelle des grimpeurs et des randonneurs, tout en escaladant des sommets, apprennent à vivre la vie du désert avec les guides locaux. Les Bernezat se lient très vite avec leurs amis touareg, dont ils apprennent la langue, le tamacheq. Ils commencent alors par comprendre que chaque sommet, dans cette langue, a un nom, et donc une signification : Tezouiag, l'« outarde », Adaouda, le « doigt »... Ayant acheté des chameaux de selle, ils partent apprendre ce désert vivant avec sa flore, plus abondante qu'on ne le croit, et sa faune, que découvre celui qui sait lire les traces. Celles du mouflon des montagnes, dans la Téfédest, celles du guépard, en perpétuel déplacement, celles de la gazelle, légère et rapide sur les sables, celles du lièvre, celles de la perdrix et celles de tous les petits rongeurs qui creusent le sable des oueds.

La plaque commémorative du Club alpin n'est plus fixée au sommet de la Garet el Djenoun. Elle aurait été « empruntée » par quelque alpiniste belge qui l'exposerait chez lui. Un médiocre fait d'arme, mais qui rend à elle-même et à ses génies cette montagne, dont l'ombre immense s'allonge sur la plaine sableuse dans le soleil couchant qui embrase les lignes de crête... tandis qu'au-dessus de ces terres ultimes s'agrandit le dégradé des bleu sombre et des violets lorsque s'apaise le vent, unique parleur du désert. ■

Les montagnes Rocheuses

Sous la ligne de crêtes massives qui se découpe dans le ciel limpide de septembre, les mélèzes et les bouleaux d'Aspen virent au jaune flamboyant dans les forêts toujours vertes d'épicéas, de cèdres et de sapins de Douglas. C'est alors que les majestueuses montagnes Rocheuses deviennent féeriques. Quelques semaines encore, et les cimes se poudrent de neige fraîche que l'on découvre au matin tandis que les feuilles tremblent, volent sous la moindre brise, formant sur le sol des flaques acidulées qui tachent la verdure. Une vision de rêve... qui pourtant terrorisait les pionniers au XIXe siècle car, si leur chariot n'avait pas franchi la formidable muraille avant les premières grosses chutes de neige d'automne, ils risquaient de le payer de leur vie. Alors, sans un coup d'œil aux crêtes étincelantes qui semblent parfois flotter au-dessus d'une couche de nuages, bravant les orages meurtriers qui ravagent les pentes, ils pressaient le pas des bœufs et des chevaux sur les sentiers escarpés. De leurs passages innombrables subsistent aujourd'hui encore les profondes ornières laissées par les roues de bois et des croix éparses fichées au flanc des montagnes. Celles de leurs défunts tombés en chemin, qu'ils ensevelissaient à la hâte, ne pouvant creuser profond dans le sol rocheux, sous des monceaux de pierres.

John Muir

Infatigable défenseur de la nature

Né en Écosse en 1838, John Muir avait onze ans lorsque sa famille émigra avec lui aux États-Unis, où leur voyage vers l'ouest s'acheva en chariot bâché au sein d'une caravane. Superbe et dangereuse aventure, qui marqua ce garçon prometteur ! Abandonnant ses études universitaires, il partit seul à pied, son baluchon à l'épaule, et traversa les États-Unis d'Indianapolis, dans l'Indiana, jusqu'au golfe du Mexique. Près de 2 000 kilomètres… juste pour examiner les fleurs sur son chemin. Poète, naturaliste, cet explorateur exceptionnel fut l'un des premiers grands défenseurs de la nature. Fervent avocat des parcs nationaux auprès du Congrès américain, il parvint au printemps 1903 à entraîner le président Roosevelt dans la région de l'actuel parc national du Yosemite, en Californie, avec deux hommes et quatre mules, et sut trouver les mots justes pour convaincre l'homme d'État de créer d'autres parcs dans les Rocheuses sur le modèle du Yellowstone. John Muir, qui se sustentait de thé et de pain rassis, faciles à transporter dans une chaussette, passa tous les étés dans sa chère vallée du Yosemite jusqu'à sa mort, en 1914. En mémoire de cet infatigable marcheur, le chemin des Crêtes de la majestueuse Sierra Nevada porte son nom. Ce dernier fut donné également à la réserve naturelle de la vallée d'Evolution, gardée par une sentinelle de roc, le mont Darwin, qui culmine à 4 216 mètres.

Bernard Martoia

***Pages précédentes* : lors de la formation des Rocheuses, voici environ soixante-dix millions d'années, les sédiments de sel et de sable laissés par la mer qui recouvrait antérieurement la région du parc national des Arches, dans l'Utah, furent érodés, donnant naissance à des arches délicates (à gauche). L'automne précoce des Rocheuses canadiennes ne dure que quinze jours en septembre (à droite).**

La montagne de Henkel (2 673 mètres) forme un grandiose amphithéâtre autour du lac Natahki dans le Glacier National Park du Montana.

Les montagnes Rocheuses

Étirées du nord au sud, les épaisses montagnes Rocheuses barrent tout l'ouest des États-Unis sur environ 3 500 kilomètres, et se prolongent au Canada sur quelque 1 500 kilomètres encore. Cette succession presque ininterrompue de deux chaînes parallèles fut pendant longtemps un obstacle aux communications entre l'est et l'ouest du continent nord-américain, car rares sont les cols, dans la partie méridionale ou dans la zone centrale, qui permettent de les franchir sans trop de difficultés. Pedro Vial, un explorateur espagnol, fut le premier Européen à se frayer, en 1793, un chemin entre Santa Fe et Saint Louis par le col de Raton à travers la chaîne Sangre de Cristo, dans l'actuel État du Nouveau-Mexique. Pour les caravanes de chariots, il n'y avait qu'un passage possible : le grand plateau du Wyoming, dans la partie septentrionale. En l'absence d'arbres, sur cette immense prairie à 2 300 mètres d'altitude, la foudre, au cours d'orages d'une violence inouïe, s'abattait sur tout homme qui, pour l'occasion, faisait office de paratonnerre. La foudre est aujourd'hui domestiquée, dans une certaine mesure du moins, par un artiste local qui, à Quemado — nom signifiant « brûlé » —, au Nouveau-Mexique, la donne… en spectacle ! Sur la ligne de partage des eaux, il a planté quatre cents piquets de fer de 6 mètres de haut, espacés de 67 mètres les uns des autres. Quand l'orage se déchaîne, la foudre frappe à répétition sur ces piquets, offrant une vision dantesque. Une féerie fantastique pour laquelle bien des gens passent la nuit en bordure du site, dans une cabane où ils ont réservé leur place des mois plus tôt. Une expérience mystique pour certains. Pour tous, inoubliable.

L'ÉPINE DORSALE DE L'AMÉRIQUE DU NORD

Cette formidable barrière de rocs, formée voici quelque cent millions d'années, est un système géologique complexe où alternent pics acérés et sommets rabotés par des glaciers plus récents. Sous leur appellation commune sans grande originalité, les *Rocky Mountains* couvrent en réalité une multitude de chaînons aux consonances indiennes musicales (Sawatch, Absaroka ou Arapaho), espagnoles (Nacimento, San Juan ou La Garita) et anglaises (Wind River, Bitteroot, Gore, par exemple), en héritage des trois civilisations qui se disputèrent ces vastes territoires du Nouveau Monde. Ces montagnes interpénétrées sont à la fois l'épine dorsale du continent nord-américain et la ligne tortueuse de partage des eaux entre l'Atlantique et le Pacifique. Pour autant, toutes ces eaux ne se jettent pas forcément dans l'un ou l'autre océan, car une bonne partie des cours d'eau se jettent dans une cuvette de 54 4000 kilomètres carrés, le Grand Bassin, aussi vaste que la France !

DES ORAGES FANTASTIQUES SUR LE CHEMIN DES CRÊTES

Contrairement aux chaînes côtières du Pacifique, où les précipitations sont abondantes, dans la partie septentrionale surtout, les Rocheuses ne récoltent que des queues de dépression, aussi les forêts, peu étendues, cèdent-elles la place à un univers minéral au-dessus de 3 000 mètres d'altitude. De violents orages ravinent ces montagnes austères entaillées de profonds canyons, paysages grandioses, comme le Black Canyon de Gunnison, où jaillissent des cascades écumantes dont la blancheur tranche sur le noir brillant des parois. Une pompe estivale, qui s'amorce avec la masse d'air chaud des grandes prairies, provoque sur le piémont de l'est la formation d'énormes nuages, cumulus et stratocumulus, qui explosent en orages en milieu d'après-midi. Le XXIe siècle n'est certes pas l'époque des chariots bâchés et tirés par des bœufs, mais la violence meurtrière des intempéries implique une lecture attentive des bulletins météorologiques avant de s'élancer sur les crêtes, où tout bon marcheur, dans le Colorado par exemple, peut avoir la joie de fouler en une seule journée une dizaine de cimes de plus de 4 000 mètres d'altitude. Le point culminant des Rocheuses n'est pas sur cette crête magique ; il se trouve plus à l'ouest, dans la chaîne des Sawatch, au mont Elbert, qui se dresse à 4 399 mètres d'altitude. Cette immense chaîne a dans l'ensemble un aspect massif, la chaîne du Teton, dans le Wyoming, faisant exception. Surgissant d'un jet au-dessus de la rivière Snake, où les saumons viennent frayer au printemps au terme de leur exténuante remontée depuis l'océan Pacifique, ces imposantes cathédrales de 4 197 mètres, dressées en plein ciel, ne sont rien moins que le paradis des grimpeurs.

VILLES FANTÔMES D'UN MONDE OUBLIÉ

Il n'y a guère de grandes villes dans les montagnes Rocheuses à part Boulder, dont les quatre-vingt-dix mille habitants tiennent l'eau qu'ils utilisent du glacier Arapaho. Du fait d'un boom minier, il se fonda quelques autres villes au XIXe siècle, qui ont tout simplement disparu en 1890, lorsque la parité du dollar avec l'once d'argent fut abolie. Dans ces villes, aujourd'hui fantômes, seul règne désormais le vent, qui éparpille avec violence les *tumbleweeds*, ces boules buissonnantes que l'on voit rouler dans le sillon des diligences de tous les westerns. Beaucoup de ces films, en fait, furent tournés à Ashcroft dans le Colorado. Si le mythe de la « nouvelle frontière » reste intact dans l'imaginaire américain, la vie que pouvaient mener les premiers Européens s'aventurant dans les Rocheuses était fort éloignée de la vision romantique distillée par les écrits de Jean-Jacques Rousseau et les peintures naturalistes d'Albert Bierstadt ! Certes, les riantes montagnes sont une réalité, mais les tipis cheyennes ajoutés par le peintre n'avaient rien d'aimable… Ce peuple indien, comme les autres, luttait pour sa survie face à l'invasion de l'homme blanc, qu'il scalpait, dans la mesure du possible, pour en éliminer les nuisances tout en s'appropriant son énergie spirituelle.

CHIENS DE PRAIRIE ET SERPENTS À SONNETTE

Quant aux antilopes cavalcadant près de lacs qu'alimentent de longues cascades traînant comme des voiles de mariée au flanc rocheux des

par Bernard Martoia

Dans le parc national de Banff, il peut neiger même au cœur de l'été. Compte tenu des moustiques, qui pullulent jusqu'en août en raison des mares formées par la fonte des névés, il ne reste vraiment que quelques semaines pour jouir pleinement de ces forêts encore vierges. *Ci-dessus* : une marmotte, toujours sur ses gardes, car ses prédateurs sont nombreux.

abrupts, le peintre en question n'a rien inventé : elles faisaient partie du paysage, et sont encore là, courant à petits pas pressés comme si une urgence les appelait ici ou là, alors qu'aucun point de repère n'explique leur démarche. Elles sont farouches, au moins autant que le petit peuple des chiens de prairie ; ces derniers, qui disparaissent au moindre bruit dans leurs labyrinthes de tunnels creusés dans le sol, pointent à nouveau la tête à peine le silence revenu tant est grande leur curiosité. Leur apparence tient de la marmotte et de l'écureuil, et leur nom vient des jappements qu'ils émettent en cas de danger… ce qui ne manque guère car leurs prédateurs sont nombreux. Il y a ceux qui leur tombent du ciel, comme les faucons et les *bald eagles*, majestueux aigles à tête blanche, ceux qui les guettent et s'aplatissent, tels les coyotes, et ceux qui rampent, comme les serpents à sonnette par exemple. Une espèce de ces serpents, le *diamond rattlesnake*, doit son nom aux dessins géométriques en forme de diamants taillés qui s'étalent sur sa peau, fort prisée en maroquinerie. Elle aurait aussi des vertus thérapeutiques si l'on en croit les récits du trappeur canadien Charbonneau, dont l'épouse, une Indienne shoshone, accouchait difficilement, lorsque le *medecine man* de sa tribu lui ordonna d'avaler deux anneaux de la queue de ce serpent. Elle suivit cette injonction, et en quelques minutes mit au monde son nouveau-né, qui fut immédiatement enveloppé dans une fourrure de bison puisque la scène se passait en hiver.

SAUVÉS PAR LA CRÉATION DU PARC DU YELLOWSTONE

L'hiver est terrible dans ces montagnes, où l'on enregistre communément des températures inférieures à – 40 °C. Au Roger's Pass, col du Montana qui n'est pourtant qu'à 1 710 mètres d'altitude, on enregistra – 57 °C le 21 janvier 1954. Avec des températures de cet ordre, la vie était particulièrement rigoureuse, et le bison représentait la providence des Indiens : ils consommaient sa chair et tannaient sa peau, dont ils faisaient tentes, couvertures et vêtements chauds. Ses tendons étaient la corde des arcs, ses os la lame des couteaux, et ses excréments séchés du combustible lorsque le bois manquait. Animistes, les Indiens ne gâchent rien de vivant. Ils tuent avec parcimonie, après avoir demandé pardon à leur proie, dont la mort leur permet de survivre. On ne peut en dire autant de l'homme blanc… Avant l'arrivée de ce dernier, La population des bisons était estimée à soixante millions de têtes. Les migrations de cet animal paisible étaient des raz-de-marée dont le grondement ébranlait le sol pendant des jours et des jours. Le dernier grand troupeau fut aperçu en 1867 le long de la rivière Arkansas par un certain colonel Dodge, qui resta bloqué pendant cinq jours et cinq nuits sur une butte au pied de laquelle passait ce « cataclysme », qui occupait les 40 kilomètres de largeur de la vallée ! Après quoi, le massacre prit des proportions inouïes. Dans la seule année 1868, William Frederick Cody — célèbre sous le nom de Buffalo Bill — se vanta d'avoir tué à lui seul quatre mille deux cent quatre-vingts têtes. Rien de bien glorieux, puisqu'il honorait simplement un contrat d'approvisionnement avec la Kansas Pacific Railroad, dont les ouvriers travaillaient à la construction de la première voie ferrée transcontinentale. Lorsque s'ouvrit la ligne, bien des voyageurs trouvèrent divertissant de tirer depuis leur wagon sur ces cibles faciles. Cela déclencha la révolte des Cheyennes et des Dakotas, affamés puisque leur économie dépendait entièrement de cet animal vénéré, révolte qui se solda en 1876 par la célèbre bataille de Little Bighorn, au pied de la chaîne qui porte ce nom et se trouve, dans les Rocheuses, à cheval sur les États du Wyoming et du Montana. De ce peuple de bisons, vaste comme la mer, ne resta qu'une harde. L'espèce fut sauvée grâce à la création, en 1872, du premier parc national américain, celui du Yellowstone, qui s'étend au nord du Grand Teton.

LE GRIZZLY SE CACHE POUR SURVIVRE…

Le bison n'était pas la seule espèce menacée d'extinction. Le grizzly, d'un tempérament imprévisible, ne dut son salut qu'à l'épaisseur des forêts du nord de la chaîne. Ce grand prédateur de l'homme, dont l'épaisse fourrure marron recouvre 450 kilogrammes de chair et de muscles, grimpe aux arbres comme un chat et charge à 50 kilomètres à l'heure ! *Ursus arctos horribilis*, de son nom scientifique, survit dans une région des Rocheuses à cheval sur le Montana, l'Idaho, l'État de Washington et le Wyoming. Sa vision trouble est compensée par un odorat exceptionnel, qui lui permet de localiser un être humain à 2 kilomètres à la ronde. Il est rare de le rencontrer aujourd'hui, mais l'auteur de ces lignes eut cet « avantage », en descendant la rivière Robinson dans la forêt d'Okanogan, à un jour de marche de la frontière canadienne. Le géant — car c'est bien d'un géant qu'il s'agit —, aussi surpris que l'homme, poussa un cri et décampa, en brisant au passage comme des fétus de paille toutes les branches qui entravaient sa fuite à travers la forêt dense. Le fort vent contraire qui soufflait en amont du vallon avait trompé sa vigilence. Une rencontre inédite car, en temps normal, il se serait éclipsé avant l'arrivée de l'homme. Le plus grand prédateur de ces montagnes sauvages… ■

L'Hindu Kuch

Il n'y a pas de forêt, mais mille poussières, des cailloux, des rocs. Seulement parfois des bouquets de genévriers dont le parfum, si chaud et sucré, recouvre les sorties des bazars d'Afghanistan, là où s'étalent les entrepôts des marchands de bois. Billots, poutres grossières et fagots attendent, sous le soleil et dans le vent sec, un acheteur, un coup de hache. Par moments, un souffle descendu des hauteurs fait tournoyer la sciure dans la rue centrale. Un vent vif et frais, né sur les sommets alentour, des sommets blanchis de neige. Certains ont des arêtes saillantes, d'autres le dos rond. Tels sont les sommets de l'Hindu Kuch, au cœur de l'Afghanistan. Il n'y a pas de forêt, donc... Et c'est un mystère, car ailleurs, dans d'autres monts où il pleut à l'identique, à altitude et latitude égales, elles sont bien là, les forêts. Alors, se demandent les géographes, où sont donc passées les forêts de l'Hindu Kuch ? Les hommes y sont peut-être bien pour quelque chose, car des hommes, il en vient ici depuis si longtemps. Des hommes qui traversent, comme Alexandre de Macédoine, Marco Polo ou Gengis Khan. D'autres qui restent et qui bâtissent des empires dont la mémoire subsiste toujours dans la poussière d'Afghanistan, dans ses pierres, dans le vent. Un prospère royaume bouddhiste, installé au cœur des montagnes, y laissa ses colossales statues de Bouddha, dans la vallée de Bamiyan. Deux géants détruits par les talibans et un troisième, qui subsiste, enfoui, caché, allongé quelque part, sur 300 mètres de long. Le troisième bouddha de Bamiyan... Un autre mystère de l'Hindu Kuch. Bienvenue dans les montagnes de la mémoire.

La région du Hazarajat est située au cœur du massif de l'Hindu Kuch, sur l'un des axes les plus importants de la Route de la soie. Durant les premiers siècles de notre ère, le passage des caravanes entre l'Orient et le monde méditerranéen fit la richesse des royaumes locaux. En descendant du col de Hadjigak (ci-dessus), on arrive au pied de la forteresse de Shar-e-Zohak, qui défendait l'entrée du royaume de Bamiyan. C'est ici que fut tué en 1221 le petit-fils de Gengis Khan. Le Mongol, loin de pardonner, rasera la vallée entière, massacrant hommes et animaux, et détruisant jusqu'aux plantes. Environ 80 kilomètres plus à l'ouest, les cinq lacs du Band-e-Amir (à gauche), à près de 3 000 mètres d'altitude, se jettent les uns dans les autres, séparés par des concrétions calcaires.

Pages précédentes : du IVe au VIIIe siècle, à l'apogée du royaume de Bamiyan, la falaise des bouddhas abritait des complexes monastiques comptant des milliers de moines. Le grand bouddha (55 mètres) avait alors un visage doré, probablement un masque de bois.

Pages suivantes : durant l'hiver, tout déplacement à travers l'Hindu Kuch devient ardu, voire impossible. Ce n'est qu'en 1963, avec le percement du tunnel de Salang — 200 kilomètres au nord de Kaboul —, que l'Afghanistan ne sera plus coupé en deux une partie de l'année.

L'Hindu Kuch

par *Stéphane Allix*

Posé là, au centre de l'Afghanistan, l'Hindu Kuch est un massif glorieux. Une longue chaîne — dont plusieurs sommets dépassent 6 000 mètres — qui descend d'est en ouest en une sorte de prolongement du Pamir et de l'Himalaya. Des failles nord-sud ouvrent des passages au travers. L'Hindu Kuch est un massif montagneux à la réputation terrible, dont les habitants inspiraient la crainte par-delà les mers, jusqu'à la cour d'Angleterre. On dit même que les mots *hindu kuch* signifient « montagne tueuse d'hindous ». Au premier abord, ça n'incite pas vraiment à venir s'y promener. Pourtant, beaucoup le feront. Cette terre redoutable est visitée et occupée depuis plusieurs millénaires.

Le jour de printemps 2001 où le grand bouddha de Bamiyan s'est effondré, déchiré par les explosifs des talibans, me reste en mémoire. À Kaboul, je dirigeai alors l'antenne afghane de la Société des explorateurs français, dont l'objectif était de faire l'inventaire de l'état de préservation du patrimoine archéologique afghan. Depuis deux semaines, la vallée de Bamiyan était interdite. L'affaire des bouddhas — mais aussi les violents combats qui se déroulaient sur cette terre — maintenait une tension formidable sur tout le centre de l'Hindu Kuch. C'est avec une certaine appréhension, à l'aube du 11 mars, que je pris la route avec deux membres de mon équipe, Hamed et Vadim. Il fallait tout tenter pour gagner Bamiyan.

DANS LES PAS D'ALEXANDRE LE GRAND

Après avoir quitté Kaboul, nous dépassons les premiers barrages talibans sans encombre et, à l'entrée du Wardak, prenons cette route en direction de l'ouest, vers la vallée de Jalez. Le torrent qui la parcourt est gonflé d'eau provenant de la fonte des neiges. Nous traversons des villages aux maisons de terre. Les champs sont verts, débordants de vie. Le printemps afghan éclate. L'eau de la rivière est acheminée jusqu'aux parcelles les plus éloignées par un savant système de canaux d'irrigation. Les bordures sont plantées de peupliers, serrés les uns aux autres jusqu'à former un mur de troncs et de branches sur lequel glisse le vent. Des poules jaillissent sur la route avec effroi, battant des ailes et courant en zigzag. Pleins d'une fière assurance, des bambins à moitié nus et noirs de crasse hurlent à notre passage *khoridji ! khoridji !* (« étranger ! étranger ! ») en levant les mains, les yeux écarquillés de plaisir. Alexandre fut-il accueilli de la sorte, lui qui, voilà plus de deux mille trois cents ans, après avoir défait Darius, traversa l'Hindu Kuch, à l'époque un agrégat de satrapies perses — des royaumes vassaux — et de comptoirs grecs ? Le Macédonien va d'abord contourner l'Hindu Kuch par l'ouest, puis remonter depuis les piémonts sud pour enfin traverser le pays sur toute sa largeur, depuis l'actuelle Ghazni jusqu'à Bactres *via* la plaine de Kapisa. Son voyage est tortueux et il n'a de cesse de combattre les multiples chefs locaux, tant dans les grandes satrapies des piémonts qu'au cœur des montagnes. Aujourd'hui, la traversée d'un bazar ne jette plus au visage de l'intrus qu'un florilège d'odeurs sucrées et épicées : orange, pomme, abricot séché, viande de mouton, thé, sucreries et poussière.

ICI SURVIT UN ORIENT PRESQUE MYTHIQUE

Il y a foule dans le village où nous nous arrêtons quelques instants. Des hommes de tous âges, coiffés de turbans interminables, un châle jeté sur les épaules, des voyageurs venus de tous les coins de l'Hindu Kuch, qui apportent trois nouvelles et une brassée de rumeurs. Quelques-uns vont à cheval, et puis voilà un âne, chargé de sacs d'oignons, et encore quelques chameaux nonchalants, qui se moquent bien de l'embouteillage qu'ils provoquent dans la rue étroite. C'est frappant, cette puissance d'évocation que possède la terre afghane, la terre de l'Hindu Kuch. Ici survit un Orient presque mythique qui se déroule pourtant devant nos yeux, un Orient que l'on respire. Les femmes vont et viennent devant les étals, fantômes sous leur *burkha* bleue. Un fils, un frère accompagne toujours la dame. Devant une « maison de thé », un jeune garçon au crâne rasé asperge le sol d'eau afin d'y coller la poussière. Assis contre un samovar gigantesque, un vieillard plein de bonhomie prépare avec des gestes d'automate du thé vert ou du thé noir dans de toutes petites théières à l'émail vert ou bleu. À l'intérieur de l'auberge, pain plat, ragoût de mouton, riz à la viande ou œufs frits attendent les voyageurs affamés. On se déchausse pour s'asseoir sur des tapis usés. On mange par terre, sur une longue toile cirée, en silence et avec la main. Dans la pénombre, une poignée d'habitués dégustent leur thé sucré, avec une lenteur infinie. Pour ces « barbes blanches », les vieux du village, la journée s'égrène — privilège d'un âge avancé — dans cette torpeur seulement rompue par les cinq prières, les repas et d'interminables discussions. Le ventre plein, nous sortons de la vallée de Jalez et gagnons en altitude.

À gauche : c'est en Afghanistan, voilà deux millénaires, que le visage du Bouddha fut pour la première fois représenté sous des traits grecs… statuaire héritée du passage d'Alexandre le Grand. *Ci-dessus* : cette famille de l'Hindu Kuch appartient à l'un des peuples chez qui l'arrivée de l'islam — par étapes, du VIIe au XIe siècle, et à la fin du XIXe pour le Nuristan — n'a pas gommé certaines croyances ancestrales.
En bas : tout transport se fait ici par route, dans des camions ainsi décorés.

UN MONDE DE PIERRE, DE BROUILLARD ET DE NEIGE

Au passage du col de Hadjigak, à 3 700 mètres, la voiture tangue sur la glace entre deux murs de neige hauts de plus d'un mètre. Farad, au volant, un Pachtou de la tribu des Khogiani, est originaire de la chaude plaine de Djalalabad, l'entrée est de l'Hindu Kuch, pourtant il se débrouille comme un chef dans ce monde de pierre, de brouillard et de neige. La voiture patine, vacille, mais garde le cap sans écraser aucune des ombres frigorifiées qui s'affairent à ouvrir le passage. Ce sont des dizaines de terrassiers hazaras, lointains descendants des hordes de Gengis Khan, n'ayant rien trouvé d'autre pour survivre que d'ouvrir inlassablement cette « route du nord » sans cesse recouverte de neige. Bien qu'inhospitalier, l'Hindu Kuch est un espace de rencontre. Une multitude de peuples compose l'actuelle population afghane, du Pachtou, aux traits si méditerranéens, au Hazara, râblé et rond comme un Mongol, du Tadjik persanophone au Tatar d'on ne sait trop où en passant par les Turkmènes, les Kirghizes, les Ouzbeks et autres turcophones d'origine. Et puis, on rencontre encore ces nomades énigmatiques qui autrefois transhumaient jusqu'aux cités de l'Inde, au-delà de l'Indus, et faisaient frissonner de crainte tout le sous-continent.

DE LÉGENDAIRES GUERRIERS

C'étaient eux, les légendaires guerriers de l'Hindu Kuch. Ils n'étaient pas commodes, avaient le visage entamé par le vent, la glace et le soleil. Certains avaient les yeux clairs. Des yeux clairs comme ceux de ces montagnards afghans que Daniel Dravot et Peachey Carnehan, sous la plume de Rudyard Kipling, décident d'aller défier — pauvres fous ! — au cœur du Kafiristan, premiers sommets et premières vallées dans l'est de l'Hindu Kuch, après la *frontier*. L'homme qui voulut être roi… le devint dans l'Hindu Kuch, mais le roi sombra, piégé par ce qui est indicible. Des abîmes de mystère dont il ne put saisir la portée. Imprudent Daniel, dont seule la tête ressortit, dans un sac de toile, de l'Hindu Kuch. Durant des millénaires, des hommes illustres, comme Zoroastre, Alexandre, Kanishka, Babur ou Tamerlan, illuminèrent cette terre sur laquelle furent vénérés le feu, le soleil, Bouddha, Vishnu, Jésus, Moïse ou Allah. Le palimpseste qu'est l'Hindu Kuch est tellement chargé de mémoire, d'énergie, de spiritualité et de fantômes qu'aucun voyageur ne peut rester indifférent à sa magie. L'Hindu Kuch est un massif montagneux au cœur de l'Afghanistan. Certes ! Mais c'est bien autre chose aussi. Autre chose que ce que l'on voit, que ces nomades immuables dont nous avons croisé quelques campements dans l'est et qui commencent à regagner les pâturages d'altitude de l'Afghanistan central. Cohorte de chameaux, d'ânes, de femmes au visage tatoué, de chiens terribles et d'hommes.

LES BOUDDHAS, RENDUS À LA POUSSIÈRE…

Il fait encore bien froid en haut du col de Hadjigak, et le soleil ne perce pas l'épais manteau de nuages. Aucune couleur, seulement le blanc de la glace et le noir du reste. Un camion a glissé dans un virage, sans doute trop chargé comme d'habitude. L'équipage est sauf, mais bien embarrassé. La descente est longue. Progressivement, la neige disparaît. Après un dernier défilé, interminable, c'est l'arrivée au pied de la forteresse de Shar-e-Zohak. Là, des forces talibans font à nouveau barrage. Deux routes antiques se croisent ici. Celle de l'ouest mène aux bouddhas — si proches, à moins de 20 kilomètres — et, au-delà, à Herat. L'autre permet d'atteindre Mazar-e-Sharif, cité des plaines de Bactriane dans le prolongement des piémonts nord de l'Hindu Kuch. Tandis que j'observe les crénelures que forment les ruines rouges de la forteresse qui commandait jadis l'entrée du royaume bouddhiste, les inquiétants séminaristes nous ordonnent de quitter l'endroit. Ici règnent encore la guerre et la mort. Des bruits sourds d'explosions ricochent sur les flancs des montagnes et nous parviennent alors que nous repartons vers Kaboul. Ce jour-là, après mille six cents ans d'existence, le grand bouddha de Bamiyan vole en éclats. Le petit avait été détruit la veille. Redevenant poussière, poussière de l'Hindu Kuch. ■

Le Haut Atlas

Vers l'ouest, au-delà de grands ergs parcourus par des hommes voilés, infestés de fauves, existe une montagne « étroite, parfaitement ronde et si haute que la cime, enveloppée de nuages, demeure invisible, été comme hiver. C'est la colonne qui soutient le ciel, disent les gens du pays. » Ayant ainsi noté l'information dans *l'Enquête,* qu'il rédigeait, Hérodote d'Halicarnasse, au ve siècle avant notre ère, baptisa ce mont « Atlas », du nom du géant condamné par Zeus à porter le monde sur ses épaules et que la vision de la tête de Méduse, décapitée par Hercule, transforma en pierre. Grand voyageur pourtant, Hérodote n'était pas allé si loin vers le couchant, mais tenait l'information, ainsi qu'il le rapporte, de marins et de marchands qui sillonnaient l'Afrique pour en ramener l'or, l'ivoire, les esclaves. On sait, aujourd'hui, qu'il s'est trompé de montagne ! Mais qu'importe... Il y a vingt-cinq siècles de cela, et le nom est resté. Tout comme le mode de vie agreste de ses habitants. Dans leur puissant massif du Haut Atlas, qui barre en diagonale le cœur du Maroc, les Berbères vivent toujours dans leurs beaux villages de pisé ocre se dressant au flanc des abrupts, et, comme par le passé, mènent leurs brebis vers les quelques prairies d'altitude qu'ils se partagent avec équité selon des règles établies depuis des centaines d'années.

Ci-dessus : l'*irherm* n'Sidi Moussa, dans la paisible et belle vallée des Aït bou Guemez, au sommet de la colline qui domine le hameau de Timite, est unique, tant par son plan circulaire, exceptionnel, que par sa destination, inhabituelle. Il n'était pas seulement, comme les autres, un grenier collectif et un fort, mais aussi un lieu sacré, car Sidi Moussa, saint homme qui apaisait les déments, y avait été enterré. Aujourd'hui, le grenier-sanctuaire abrite un musée. *Ci-contre* : deux cavaliers Aït Haddidou, bousculés par le vent, se hâtent sur une piste désolée du plateau des Lacs : ils arriveront bientôt aux casbahs jaunâtres d'Imilchil.

Pages précédentes : la haute vallée de l'impétueuse et violente Tessaoute, nom signifiant « rabot ». Au pied du *tizi* n'Ourdjoum, Magdaz, aux solides constructions de pierre armées de poutres, veille sur ses maigres cultures irriguées (à gauche). Maisons fortes, dites *tigremt,* de la vallée du Dadès, ces fines et élégantes architectures de terre, de pisé et de brique crue fondent et s'effritent inexorablement dès qu'elles cessent, comme ici en arrière-plan, d'être entretenues (à droite).

Terroir d'Aït Ziri, dans la vallée des Aït bou Guemez. Le fond, parfaitement plan, est celui de l'ancien lac, qui s'était formé en arrière d'un gigantesque éboulement et qui s'est vidangé brusquement lorsque l'*asif* Arous eut rongé le barrage qui avait entravé son cours. Les terres irriguées, soigneusement cultivées de part et d'autre du torrent, cessent brutalement contre le versant décharné du *jebel* Tizal. Juste au-dessus d'elles, le village s'étire le long de la piste, aujourd'hui goudronnée.

Pages précédentes : dans le massif ancien, ce village du Haut Atlas central s'accroche aux flancs du Toubkal, point culminant de toute l'Afrique au nord du tropique du Cancer.

L'*asif* M'goun, à Bou Thrarar, reçoit rive droite (à gauche sur la photo) l'*asif* Aznag. Il n'y a pas si longtemps, une route marchande d'importance l'empruntait encore toute l'année. Par-delà le *tizi* n'Aït Imi, col qui permettait de franchir la barrière de l'Ouaougoulzate (au fond, sur le ciel), les habitants d'El Kelaa, à 20 kilomètres au sud, échangeaient le sucre des plaines atlantiques contre leurs dattes, leurs fruits secs et leur henné.

Le Haut Atlas

par Bernard Domenech

Sur 700 kilomètres sans jamais fléchir, du *tizi* n'Macho (col du Chat), à l'ouest, au *tizi* n'Talrhemt (col de la Chamelle), au nord-est, l'Adrar n'Deren, la « montagne des montagnes » berbère — le Haut Atlas pour le reste du monde —, barre le cœur du Maroc. Il s'étire à l'horizon des plaines embrumées du Haouz et du Tadla, qu'il sépare du Sous et des oasis lumineuses du Dra et du Tafilalelt. Les routes modernes ne franchissent ce bastion compact qu'au *tizi* n'Test et au *tizi* n'Tichka. Partout ailleurs, aujourd'hui comme autrefois, la traversée reste longue et difficile. Certes, dans la partie centrale par exemple, entre Telouet et Imilchil, des pistes, malcommodes quelle que soit la saison, conduisent du versant nord-ouest au cœur du massif ; mais au-delà, pour rejoindre la *quebla*, c'est-à-dire l'Orient, le versant saharien, il faut toujours reprendre à pied d'anciens sentiers muletiers, impraticables l'hiver. Depuis l'*azarar*, le piémont atlantique, l'approche des plateaux où ils se hissaient était très longue, alors que la descente sur le Dadès, fort rapide, était verrouillée par des cluses étroites, souvent complètement noyées. Les passages les plus difficiles ou les plus risqués avaient été aménagés : des rampes permettaient de passer sur le versant nord du Timrazine en vue de Zaouia Ahanesal ; entre les Aït bou Guemez et la vallée du Dadès, au point le plus étroit des gorges, en aval de Tarzoub, plutôt que de s'engager dans le lit impétueux de l'*asif* M'goun on préférait remonter, rive gauche, un vertigineux escalier d'une centaine de marches de 2 mètres de large environ. Désormais solidement maçonné, l'escalier est toujours en service, bien que la majorité des échanges se fasse dorénavant par la route et le *tizi* n'Tichka. Mais jusqu'aux années cinquante, ces itinéraires étaient fréquentés presque toute l'année, avec une préférence pour la belle saison, au cours de laquelle il était possible d'emprunter des sentiers plus directs qu'en hiver. Des arrangements politiques conclus par le sultan avec les montagnards dissidents assuraient la sécurité des caravanes, dont les cargaisons — dattes vers le nord, sucre vers le sud — suscitaient, bien évidemment, nombre de convoitises.

DES RELIEFS ROCHEUX OÙ LA TERRE EST PRÉCIEUSE

Des mouvements complexes et énergiques ont façonné cette montagne imposante. Il y a trois cent cinquante millions d'années, une première cordillère de granit, de lave et de schistes fut mise en place, puis inexorablement arasée. Une mer peu profonde, où grès et calcaires se sont déposés, l'a recouverte. Exondée, exhaussée, rajeunie, la chaîne se dégagea au sud-ouest de sa couverture sédimentaire, qui glissa vers le nord, se cassa et se plissa. Aujourd'hui, avec 4 167 mètres d'altitude, le Toubkal, au droit de Marrakech, en est le point culminant.

Puissante est l'ossature du Haut Atlas, et lourde sa carrure. Des sommets dénudés se découpent là-haut sans élan ni grâce, et d'amples plateaux décharnés ondulent infiniment sous un ciel minéral, sciés par des gorges sombres et fraîches. Des vallées étroites serpentent au pied de longs versants, tigrés par des strates rocheuses de teintes diverses où poussent des genévriers forts, noueux et courts, et contre lesquels les cultures cessent brutalement. De loin en loin, comme avec précaution pour sauvegarder la terre utile et mieux la surveiller, des villages irréguliers aux maisons jointives très simples surplombent les minces rubans des champs, parsemés çà et là de quelques noyers et d'amandiers.

CES PAYSANS QUI FONT L'HISTOIRE

Les premiers habitants sont venus du désert, comme en témoignent les gravures de l'Oukaimeden, du Yagour et du Rhat : quand le Sahara s'asséchait, il y a quatre mille ou cinq mille ans, des éleveurs se sont repliés, avec leurs bœufs à la robe multicolore, vers ces montagnes plus humides. Ils se sont d'abord fixés peu à peu dans la moitié sud-ouest, aujourd'hui la plus anciennement mise en valeur et bien peuplée, jusqu'à l'Ouagoulzate. Ils se sont adaptés à ce pays très rude, qu'ils ont transformé mais qui les a obligés à devenir paysans et… Berbères, nom dérivé de « barbares », comme les appelaient les Romains qui, comme les Grecs, nommaient ainsi tous les étrangers à leur culture.

Pour rester près des pâturages qui les avaient attirés, ces Berbères durent apprendre à composer avec des contraintes peu favorables aux cultures. Les hivers du Haut Atlas sont froids, et la neige qui y apparaît dès novembre tient jusqu'en avril. Les précipitations, plus abondantes qu'en plaine, sont irrégulières. Enfin, dans les vallées, en général profondément encaissées, les sols manquent et les versants sont abrupts. Les cultures sèches, difficiles et aléatoires, même pratiquées partout où cela était possible, n'auraient pas suffi à nourrir tous les hommes tant leurs rendements sont faibles. Pour obtenir des récoltes plus régulières, plus abondantes, il n'y avait qu'une solution : irriguer. Un impératif d'autant plus pressant que la population augmentait. Patiemment, ces colons ont donc construit un paysage soigné, de terrasses étagées prolongeant les replats naturels, de barrages légers *(ouggoug)* dérivant les torrents, de *tafraout* (réservoirs), de canaux et de rigoles souples et rectilignes, les *targa*. D'ingéniosité en invention, l'histoire de ces paysans devint un jour l'Histoire. Dans la haute vallée du N'fiss, où il trouva refuge au sud de Marrakech, Ibn Toumert, réformateur religieux rigide mais politique ambitieux, rassembla à Tinmel les Almohades, sectateurs de l'Unité divine, Berbères comme lui, et les lança contre les Almoravides, exécrés.

De gauche à droite : à la « foire aux Fiancés », qui se tient en septembre à Imilchil, cette jeune femme n'a pas été choisie par un mari ; c'est elle qui élit le sien.
Dans le _jebel_ Sarhro, au sud d'Iknioun, les mulets sont déchargés avant la nuit au bivouac, sous les conglomérats précaires des tours de Bab n'Ali.
En mai, à El Kelaa des M'gouna, danse du sabre pour la fête des Roses, au cours du grand rassemblement qui clôt la cueillette. Les pétales, distillés sur place, donneront un fixatif de parfums.

Il mourut en 1130, mais ses partisans, en moins de trente ans, vont conquérir le Maghreb, puis l'Andalousie, sur lesquels ils régneront sans partage pendant près d'un siècle et demi.

ALLIANCES COMPLEXES ET SAINTS HÉRÉDITAIRES

Dans l'autre moitié du Haut Atlas, celle du nord-est, presque vide en comparaison, l'élevage reste la grande affaire. Au-dessus de 2 000 mètres, dans les cuvettes au sol profond et humide en été, une herbe rase forme l'*almou*, recherché et disputé : les plus belles et les plus étendues de ces prairies se trouvent aux sources de la Tessaout et à Talmest. Partout ailleurs, des formations ouvertes de xérophytes épineux en coussinets s'adaptent au climat, très rigoureux à cette altitude : leurs jeunes pousses n'ont de chance de survivre que si elles s'abritent au centre de la boule, où elles trouvent une protection efficace contre les gelées, la sécheresse et le vent, alors qu'en bordure elles s'atrophient. Elles forment l'essentiel des hauts pâturages. Aujourd'hui dégradées, mais malgré tout exceptionnelles au regard des bergers, les meilleures de ces pâtures sont strictement réglementées par un ensemble de règles strictes, l'*igoudlane*, établi il y a des siècles pour en contrôler l'usage équitable entre tribus et en éviter la dégradation. Les transhumants présahariens — tels par exemple, aujourd'hui encore, les Aït Atta de Msemrir, qui montent l'été à Bou Iourhlalène —, pour qui ces pâturages représentaient le terme estival des mouvements de leurs troupeaux, ont bousculé rudement, par vagues, les paysans plus anciennement établis. Plus nombreux, ils ont imposé leurs tentes noires sur des parcours que les montagnards étaient incapables d'occuper, et ont acquis leurs droits d'accès par la force et l'intimidation. Des arrangements complexes ont fini par être trouvés, dont les médiateurs et les garants furent les *zaouïa*, confréries religieuses affiliées à celle de l'Ahanesal. La tradition locale situe la création de cette dernière en 1398, et la considère comme l'alliance entre son ancêtre fondateur et celui des pasteurs qui l'autorisa à s'installer dans la vallée, dès lors baptisée de son nom. L'accord fut accepté par tous. En échange des dons qu'ils recevaient chaque année des deux parties, les *igourramènes*, saints héréditaires respectés pour leur *baraka* redoutable, assuraient aux uns l'estivage et aux autres la protection demandée.

DES GRENIERS-FORTINS AU PAYS DE LA DISSIDENCE

La région a toujours été peu sûre car, effective en plaine, l'autorité du sultan était contestée dans les montagnes, où les tribus, en outre, s'opposaient entre elles. Alliances et accords, conclus entre elles et leurs confédérations, entre celles-ci et le sultan, étaient temporaires et fluctuants, si bien que la sécurité des personnes et des biens qui en dépendaient l'était aussi ! Ces montagnes étaient dites *bled siba*, « pays de la dissidence ». De ce fait, tout village y possède au moins un grenier collectif, l'*irherm*, à la fois un entrepôt et un fortin, construit il y a des siècles. Autrefois en effet, avant de monter aux *azibs*, les enclos d'été, chaque famille y entassait sa récolte et ses biens, qu'elle laissait à la garde de quelques hommes chargés de les défendre contre les pilleurs. Certains de ces greniers se présentent comme de simples cases aménagées à flanc de falaise, le long de vires tranchées dans l'abrupt, impossibles à atteindre lorsqu'on relevait l'échelle ou le pont qui y donnait accès. Les autres greniers sont de solides constructions à plusieurs étages, en pisé ou en pierre, pourvues d'une citerne, à l'intérieur desquelles les cases sont disposées autour d'une cour centrale, couverte ou non selon l'enneigement habituel de l'endroit. Le toit en terrasse est flanqué de quatre tours d'angle, qui servaient à la défense. Dans le pays, aujourd'hui apaisé, ces splendides greniers n'ont plus désormais d'utilité, si bien que les plus inaccessibles, abandonnés, s'écroulent. Simple et tranquille, la vie quotidienne se poursuit pourtant comme par le passé…

Entre terre et ciel, sur le plateau du Koucer, le voyageur rencontre deux *imdyazène*, ces musiciens et poètes ambulants. Originaires de Rich, ils se rendent à Tabant, chez des Aït bou Guemez, où une fête les attend. Comme l'orage menace, l'étranger s'est arrêté au village de Taguertoucht, chez les Aït Abdi, où les deux hommes sont arrivés après lui, sous une pluie battante. Pour passer le temps et remercier leur hôte, autour du thé brûlant servi par le gardien, ils ont improvisé un chant plaintif, grinçant. Dans une éclaircie, ces gens se sont séparés. Les baladins arriveront ce soir à Agoudim, que le voyageur a quitté ce matin. Lui sera à Zerkane, à deux heures d'ici dans la direction opposée… Ainsi vont les jours dans le Haut Altlas. ■

Les monts d'Oman

Entre mers et sables, le sultanat d'Oman est comme une île. Une île dont le long ruban côtier se déroule face aux vagues, flanqué de deux formidables barrières de rocs escarpés. L'une au sud, le Dhofar, l'autre au nord, le titanesque Hajar. Descendants du légendaire Sindbad, les Omanais sillonnent depuis des siècles les trois mers qui baignent ainsi leurs rivages, navigant jusque dans l'océan Indien, des côtes de Béloutchistan jusqu'en Afrique de l'Est. Ce sont de téméraires pêcheurs et marins, on le sait. Mais sait-on qu'ils sont aussi d'intrépides grimpeurs ? Mieux, même, ils sont avant tout montagnards ! À leur façon, précautionneuse, de poser le pied comme s'il fallait s'assurer de la prise au sol avant de lui abandonner le poids du corps, à leur manière de toujours regarder vers le haut, là où se trouvent les cimes, d'évidence, c'est aux monts qu'ils appartiennent. À ces puissants massifs de rocs gris, ocrés, que les couchants incendient et qui, au sud comme au nord, entre mers et désert, structurent leur territoire lové dans la Corne d'Arabie. Leurs villages se cachent dans des vallées secrètes, des oasis d'altitude aux luxuriantes palmeraies à deux pas de canyons fantastiques dont ils escaladent, en sandales et mains nues, les abrupts vertigineux au pied desquels, loin, tout en bas, coulent les eaux fraîches, couleur émeraude, des *wadi*.

Ci-dessus : le contraste entre les montagnes arides et les palmeraies nichées dans les *wadi* est caractéristique des monts d'Oman. Palmiers et cultures sont possibles grâce aux canaux d'irrigation, les *falaj*, qui vont loin en amont capter l'eau. *Ci-contre* : dans le *jebel* Akhdar, le canyon du *wadi* Ghul est l'un des sites les plus grandioses du sultanat. Profond de près de 1 000 mètres, surplombé par d'infranchissables falaises, il forme au cœur du massif une gigantesque entaille dont la découverte vaut celle du Grand Canyon américain.

Pages précédentes : forts et tours de guet jalonnent les monts omanais. C'est à tort qu'ils furent attribués aux Portugais car, lorsque ces derniers s'installèrent à Mascate au XVIe siècle, la plupart de ces fortifications existaient déjà. En fait, elles furent construites par les Omanais eux-mêmes pour résister aux envahisseurs venus de la mer. À droite : dans le *jebel* Akhdar, le *jebel* Misht, « la montagne du Peigne », l'une des plus hautes et larges parois d'Oman.

Les monts d'Oman

par Bernard Amy

Le sultanat d'Oman occupe la Corne d'Arabie, configuration proche de la Corne d'Afrique dessinée par la Somalie, plus au sud. Cette forme particulière lui assure près de 1 700 kilomètres de côtes, si bien qu'on pourrait prendre ce pays pour une longue façade maritime adossée à l'immense désert. Ce serait une erreur ! En effet, pour aller de Mascate, la capitale, située au nord-est, jusqu'au port de Salalah, au pied du massif montagneux du Dhofar, dans le sud-ouest, il faut parcourir près de 1 000 kilomètres à l'intérieur des terres. L'Oman est donc plus complexe qu'il n'y paraît de prime abord. L'extrême Nord est une presqu'île au relief tourmenté, le cap Musandam. Au nord, sur le golfe dit d'Oman, une formidable chaîne de montagnes domine l'étroite plaine côtière. C'est le massif du Hajar. Au sud se dresse un autre massif, le Dhofar. Des déserts occupent le centre : les sables du Wahiba, à l'est, et le désert des déserts, où s'enchaînent les plaines pierreuses et les dunes du Rub' al-Khali, à l'ouest. En chiffres, le sultanat compte seulement 3 % de plaines côtières pour 82 % de désert et 15 % de montagnes. Ces dernières, seules, nous intéressent.

UNE COLOSSALE BARRIÈRE DE 700 KILOMÈTRES DE LONG

Le puzzle géographique omanais culmine dans les montagnes du nord, le Hajar, longue chaîne de 700 kilomètres de long dont le sommet, le *jebel* Akhdar, se dresse à près de 3 000 mètres d'altitude. Le nom de cette cime, qui signifie « montagne verte », est certes adapté en regard des formidables déserts de la région, mais ce vert, qui ne masque en rien les parois de rocs, reste très relatif. L'immense barrière du Hajar, qui descend en pente douce vers l'Oman de l'intérieur, tombe à pic sur la plaine côtière de la Batinah, dont la largeur n'excède pas 30 kilomètres. De la cime du *jebel* Akhdar, on aperçoit une bonne partie du golfe d'Oman et le lointain détroit d'Ormuz, une particularité géographique qui vaut à ce sommet de porter l'« œil du golfe », puissant radar omano-britannique permettant de contrôler l'ensemble du trafic maritime dans le golfe Persique.

La chaîne du Hajar se divise en deux parties principales : le massif occidental, al Hajar al Gharbi, qui comprend le *jebel* Akhdar, et le massif oriental, al Hajar Ash-Sharqui. Entre ces deux massifs, la trouée de Samail est la plus importante voie naturelle entre la côte et l'intérieur, entre Mascate, capitale historique, et Nizwa, principale agglomération de l'Oman des montagnes. Le Hajar, et plus particulièrement le *jebel* Akhdar, constitue une curiosité géologique célèbre par ce qu'on appelle un « cortège ophiolitique perché ». Il s'agit d'un morceau de croûte océanique généré par la dorsale située au large de la côte actuelle et poussé sur le continent par la dynamique des plaques au lieu d'être englouti. Il y a environ vingt millions d'années, en effet, toute la zone, avec ses ophiolites et ses couches sédimentaires, a été soulevée lors du plissement du rebord continental, puis l'érosion a attaqué ce nouveau relief, au point de faire disparaître par endroits, comme au *jebel* Akhdar, la couche d'ophiolites. De part et d'autre des plis sédimentaires calcaires, qui ont « poussé » jusqu'à 3 000 mètres d'altitude avant d'être mis à nu, on retrouve des fragments de cette croûte océanique. Ils sont bien visibles dans les canyons et les profondes vallées, qui entaillent tout le massif et débouchent sur la plaine côtière.

DE VERTIGINEUX SENTIERS TAILLÉS DANS LES ABRUPTS

L'architecture des montagnes du Hajar se caractérise par d'importantes dénivellations et de très profondes failles que dominent de vertigineuses parois. Son climat, semi-désertique, chaud et humide sur les côtes, plus sec à l'intérieur et même tempéré en montagne, en fait un paradis où il fait bon marcher et grimper en suivant les passages aménagés de longue date par les habitants, et toujours pratiqués aujourd'hui. Certains de ces itinéraires comportent de belles escalades, dans lesquelles les Omanais font preuve d'une extraordinaire maîtrise. C'est le cas, dans la partie orientale de la chaîne, des vires vertigineuses du *wadi* Tiwi, qui mènent vers la somptueuse petite palmeraie d'Umq Bir, nichée au cœur d'un immense cirque de hautes falaises. Umq Bir, « puits profond », mérite bien son nom : l'accès en est impressionnant, la dernière partie surtout, lorsqu'il faut suivre des vires étroites suspendues en pleine paroi, certes faciles mais qui, à moins de 50 mètres de la rive d'en face, dominent de près de 200 mètres les eaux tumultueuses du *wadi*. Lorsqu'une vire s'interrompt, la suivante se gagne par un escalier de pierre sèche ou par des sortes d'échelles faites de fragments de dalles coincés dans les trous de la roche. Les seuls lieux de repos sont les lits des torrents adjacents au *wadi* Tiwi, qui ont creusé dans la falaise des petits canyons suspendus dans l'ombre desquels subsistent des jardins secrets, où genévriers, acacias, figuiers et jasmins sauvages rappellent la végétation de la Provence. Il faut une longue journée pour atteindre la large terrasse barrée de grands surplombs d'où l'on voit

Village-oasis des monts d'Oman et ceux qui les habitent... Des femmes souvent non voilées, sauf quand elles portent le masque de fête (ici), et des hommes coiffés du traditionnel turban, dont l'accueil est toujours chaleureux.

enfin, 200 mètres plus bas, la minuscule palmeraie. Les villageois de Mibam ont réussi à créer ce minuscule et paradoxal îlot de verdure dans ce presque puits, dont les parois surplombantes semblent, tout en haut, soutenir le ciel et où ne vivent, périodiquement, que quelques hommes pour entretenir les palmiers et récolter les dattes.

FABULEUX WADI AUX TEINTES D'ÉMERAUDE

Dans ces montagnes aux sommets éblouissants, il est aussi des canyons superbes. Des canyons aux eaux douces et fraîches, à traverser à la nage, tel le canyon Snake au fond duquel coule le *wadi* Zammah. Une merveille du monde. Cordes, équipement individuel et bon niveau sportif sont indispensables pour descendre dans cette faille profonde de 200 à 300 mètres, creusée à même les contreforts du d*jebel* Akhdar, longue de plusieurs kilomètres et large de quelques mètres seulement ; à certains endroits, on y nage dans une succession de longs bassins et de galeries souterraines que creusent les eaux émeraude du *wadi*. Plus impressionnant encore est le canyon du *wadi* Nakr. Cette gigantesque entaille de 1 000 mètres de fond, qui rappelle le Grand Canyon nord-américain, est tranchée dans l'énorme barrière côtière, gigantesque château d'eau qui capte les pluies, irrégulières mais parfois assez abondantes pour susciter des crues dévastatrices. Ce massif est aussi un refuge de fraîcheur lors de la saison chaude qui sévit dans la région de mi-avril à mi-octobre. Un froid vif peut régner sous les crêtes du *jebel* Akhdar alors qu'une chaleur moite, torride, accablante, s'abat sur Mascate. Ainsi, l'eau qu'elle renferme et sa fraîcheur en été font de cette montagne omanaise un havre pour les hommes. De fait, elle a toujours été habitée, et le voyageur qui la parcourt finit invariablement par trouver un village. L'hospitalité y étant érigée en art de vivre, l'étranger se retrouve très vite assis à l'ombre, sur des nattes, devant un café et un plateau de pâte de dattes et d'oranges fraîches. Si bien que, de visite en visite, au cœur de ces montagnes arides, il découvre la civilisation montagnarde qui s'est construite en symbiose avec le milieu naturel de cette chaîne du Hajar. L'ascension au *jebel* Akhdar est rude, et l'itinéraire peu marqué, mais les derniers mètres avant la crête sont inoubliables. Après un long glacis de dalles calcaires qui montent vers le ciel, c'est... l'espace. Les espaces profonds qui s'étendent vers l'est et tout le chaos de sommets, de hauts plateaux, de vallées étroites et de canyons obscurs jusqu'alors cachés par la montée. À la verticale ou presque, 1 000 mètres en dessous, une petite tache : la palmeraie et les champs de Bilad Sayt. Barrant une bonne partie de l'horizon oriental, c'est la haute barrière du *jebel* Tkhra. Vers l'ouest apparaît dans l'air tremblant qui monte des terres intérieures la silhouette vertigineuse du *jebel* Mish. Le regard cherche, dans le lointain, l'étendue uniforme de la mer, que l'on sait si proche. Mais il est déjà tard, et la chaleur du jour commence à troubler la transparence des espaces d'altitude. Alors on repart dans la longue descente vers Bilad Sayt, en sachant que l'on reviendra.

LE TRADITIONNEL JARDINIER DES EAUX

L'Oman, dit-on, possède les « plus belles palmeraies irriguées du monde ». Ce pays détient aussi, sans doute, les plus belles palmeraies d'altitude. Ce sont de véritables jardins secrets, que chaque jour les villageois vont entretenir au prix d'extraordinaires marches acrobatiques. Ces jardins, ils les doivent à l'antique système d'irrigation local et au sultan, qui non seulement a décidé de préserver les montagnes, en appliquant un rigoureux programme de protection de l'environnement, mais aussi de les développer. Chaque village est donc alimenté par son *falaj*, canal accroché aux parois du *wadi* et qui amène, parfois sur des kilomètres, une eau répartie avec soin entre les cultures et les habitations par le fontainier, le *bidar*, ou « jardinier des eaux », celui qui en sait les secrets. Comme Slim, notre guide, qui, à la lumière de la lune, touchant de son bâton le rocher à Umq Bir en fit jaillir d'abondance l'eau claire qui étancha notre soif. Il avait juste déplacé la pierre obstruant l'ouverture latérale d'un invisible canal, une de ces galeries souterraines en pente douce qui drainent l'eau des montagnes, comme le font les *fogarras* sahariennes.

Ainsi va la vie au cœur des montagnes, chez les Bédouins coureurs de vires, les muletiers tenaces des *jebel*, les magiciens de l'eau et les paysans des palmeraies secrètes nichées au fond des canyons. Sur le littoral, leurs cousins, leurs frères pêchent, organisent des excursions dans le désert et poussent, comme par le passé, leurs boutres jusqu'aux rivages africains. Avec toujours cette même façon, comme posée, de marcher et de regarder vers le haut. Des marins, certes, mais des marins dont la montagne est le pays. ■

Le Wadi Rum

« **D**ans les rêves d'enfants, les paysages ont ce silence et cette ampleur. » Notés dans *les Sept Piliers de la sagesse*, livre minutieux et grandiose de Lawrence d'Arabie qui relate ses aventures aux côtés des chefs de la Révolte arabe, ces mots se réfèrent à l'instant même où, au galop de son chameau, à l'automne 1917, il reçoit le choc du monumental Wadi Rum. Des parois aveuglantes, rigoureusement parallèles, alignées de part et d'autre d'amples vallées sèches et encombrées de dunes, ou profondément encaissées sous les plateaux dans des canyons aux ombres violettes. Sculptées par le vent à la flamboyante manière d'un Antonio Gaudi, leurs formes insolites et fantasques, en fines dentelles et colonnettes improbables, aux couleurs irisées, rappellent l'ambiance étrange de Dune, la planète des sables où Frank Herbert, inspiré par ce décor, situa l'action de son roman fantastique. Ainsi, cette vallée désertique bordée d'extravagantes tours de grès du nord-est de la péninsule arabique, dont le souvenir s'était perdu, est depuis deux décennies retrouvée de l'Europe, avec ses extraordinaires Bédouins coureurs de cimes, calmes, élégants, qui grimpent sans corde, son éblouissante lumière et les stupéfiantes beautés de ses solitudes.

Pages précédentes : les éléments ont façonné dans le grès tendre du Wadi Rum tout un dédale de tours abruptes, de canyons, de vallons. Du haut du *jebel* Khazali, « mont de la gazelle », à 400 mètres au-dessus des sables rougeoyants du Khor el Ajram (à gauche), on aperçoit à droite vers le nord les sommets émoussés des *jebel* Barrah, « va-t-en ! », et Abu Jaididah, « père des nouveau-nés ».

Pages suivantes : vue du plateau sommital du *jebel* Rum, vers le sud-est. Les grès plongent doucement vers l'est (à gauche sur la photo). Grès blancs alanguis d'abord, de plus en plus épais, coiffant des grès pourpres impérieux qui disparaissent sous les courtes vagues sableuses du Khor el Ajram, où ils s'ennoient.

Ci-dessus : texture des parois balafrées de fissures et de couloirs rectilignes, plaquées d'échafaudages improbables et de reliefs en forme de champignons, boursouflées de gargouilles monstrueuses, de masques fantastiques, de colonnes pendantes… *Ci-contre* : l'un des nombreux *siq*, qui entaillent profondément les tables de grès rigides des grands sommets du massif, les *jebel* Rum, Um Ishrin et Khazali.

Le Wadi Rum

par Claude Gardien et Bernard Domenech

Un petit massif sauvage et complexe pointant en contrebas du Ras n'Kabab en direction de la mer Rouge, à 50 kilomètres au nord d'Akaba, aux confins saoudiens du district de Maan en Jordanie, voilà le Wadi Rum. Ses 750 kilomètres carrés de blocs de grès énormes se répartissent en deux bancs épais. L'un est blanc avec des reliefs arrondis. L'autre est pourpre et abrupt. Tous deux sont doucement basculés vers l'est. Délimités par d'étroites et hautes fractures, ils reposent sur un socle sombre, plus ancien, fait de granit en décomposition et de minces coulées basaltiques. Connu des anciens Nabatéens, habitants de l'énigmatique Pétra, la cité des sables longtemps interdite et redécouverte par les Européens au début du XIXe siècle, le Wadi Rum est depuis des centaines d'années le domaine des Bédouins, comme l'immense désert qui s'étend alentour. Mais ces Bédouins-là sont des grimpeurs, des coureurs de cimes qui, vêtement relevé et coincé dans la ceinture, escaladent pieds et mains nues les reliefs les plus difficiles d'accès. Dans le vieux film hollywoodien *Lawrence d'Arabie*, tourné par David Lean en 1962, Aouda Abou Tayi, chef de la tribu des Howeitats, interprété par Anthony Quinn, vante les magnificences de cette vallée oasis à celui qui n'est encore que le capitaine Lawrence, à qui Peter O'Toole prête son regard. Et ce dernier découvrira ainsi ce site inouï, ses sources et ses ombres. Les ombres de parois hautes de 300 à 800 mètres, formant un dédale de canyons et de vallons à la bordure occidentale du grand désert du Nefoud, qu'il venait de traverser en compagnie de chefs bédouins pour aller prendre Akaba au nom du roi Fayçal, au prix d'une méharée où d'autres que lui auraient très certainement laissé la vie.

CES SEIGNEURS DES SABLES QUI SE JOUENT DU VIDE

Les Bédouins du Wadi Rum, volontiers farceurs — trait de caractère peu conforme à celui qu'on prête aux seigneurs des sables —, sont d'extraordinaires alpinistes. Calmes, élégants, ils escaladent en souplesse, la djellaba retroussée dans la ceinture, pieds nus et sans corde, ces parois que les techniques modernes d'escalade ne permettent d'aborder que laborieusement. Ce sont des grimpeurs-nés, et depuis fort longtemps, comme les Thélèmes du Mali, ancêtres des Dogons, comme les Anasazis de l'Ouest américain, dont certaines ascensions restent aujourd'hui encore des énigmes. Mais ici, l'escalade n'a pas de raison spirituelle, magique ou nécrologique. Les Bédouins grimpent pour chasser l'ibex, rare mais présent sur les plateaux sommitaux. Ils trouvent aussi dans les montagnes des figuiers et des tamarins, petits arbres assez hauts pour fournir les mâts de leurs tentes en poil de chameau, car les vallées désertiques ne produisent que des arbustes tout juste bons à alimenter de parcimonieux petits feux. Ainsi courent-ils au long d'itinéraires audacieux, astucieux, parfois très difficiles.

DANS UN LABYRINTHE DE GORGES BAROQUES

Leurs voies sont complexes, dictées par le relief baroque des grès travaillés par le vent. Elles sont parfois creusées d'incroyables gorges, les *siq*, larges de quelques mètres, profonds de 200 à 300 mètres, rigoureusement infranchissables. Il faut le plus souvent s'engager le long d'étroites vires, chemins de ronde sans garde-fou, suspendus au-dessus du vide et penchés du mauvais côté ! Il faut aussi garder présent à l'esprit le chemin parcouru pour le retrouver au retour, car ces reliefs innombrables forment de véritables labyrinthes où seuls les seigneurs des lieux s'y reconnaissent. Combien d'itinéraires ont-ils tracés au fil des siècles ? Quatre cents ? Cinq cents peut-être ? Cinq cents parcours d'escalade extraordinaires, qui permettent de passer d'une vallée à l'autre en franchissant un seuil, d'atteindre ou de traverser un plateau, une crête, un sommet, par un dédale de gorges baroques, par des couloirs, des cheminées, des murs et des arêtes fragiles. Parfois, ils longent des vires miraculeusement suspendues, des dômes et des cuvettes piquées de genévriers squelettiques, torturés, où se mêlent sable fin et galets de quartz ronds et mats détachés de leurs rebords gréseux. Certains de ces itinéraires n'ont que quelques dizaines de mètres, tandis que d'autres atteignent plus de 2 kilomètres, avec jusqu'à 600 mètres de dénivelé ! Ils conduisent généralement à des postes d'observation, où l'on attendait le passage du gibier et d'où l'on guettait l'arrivée des caravanes, pour les protéger ou pour les piller, ce qui économiquement revenait à peu près au même. Les caravanes ont disparu, mais les mouflons sont encore nombreux à avoir trouvé refuge sur les plateaux pourvus d'eau, donc de végétation, et si difficiles d'accès. Sans doute y montait-on aussi, dans les temps anciens, pour cueillir des simples, utiles à la guérison.

DES PISTES BALISÉES DEPUIS 2 500 ANS

Ces voies bédouines ne sont pas commodes à déchiffrer. Ceux qui en ont découvert les cheminements et qui les ont fréquentées, il y vraisembla-

De gauche à droite **: le monde perché de Burdah, des dômes clairs travaillés par le temps. Au fond, le *jebel* Rum, qui domine le village de Rum. Sahhab et Dayfallah Ataïq perpétuent l'escalade traditionnelle des Bédouins à la poursuite de l'ibex ou à la recherche de bois. Am Salaam Sabbah, Bédouin noble et guide de la jeune génération.**

blement très longtemps, ne les ont pas systématiquement « balisées ». Ils n'amoncelaient pas de cairns, ces tas de pierres que l'on voit dans certaines autres régions, mais se contentaient de dresser à certains endroits une seule pierre, large et plate, sorte de mur signalant une impasse dans laquelle il était inutile de s'engager. Ailleurs, ils ont entassé des blocs sous un surplomb ou au pied d'un mur trop lisse, taillant judicieusement quelques prises dans le grès tendre pour qu'elles tombent sous la main et facilitent un passage scabreux, qu'ils redescendaient parfois lourdement chargés. Ces anciens coinçaient une branche dans une fissure, lançaient un tronc d'arbre sur l'abîme et gravaient des signes, des repères, qui ne disent plus rien à ceux qui vivent aujourd'hui sur place. Et malgré tout, cette signalétique minimale, dont certaines marques remontent au moins à six siècles avant notre ère, suffit largement, maintenant encore, pour rester sur le « bon » chemin si l'on est attentif à en repérer les détails et si l'on prend le temps d'en comprendre et d'en apprendre la logique. Alors, émerveillé, on passe d'un trottoir suspendu à un surplomb inquiétant mais finalement facile, d'une dalle ensoleillée à l'obscurité d'un *siq* profond, d'un dôme de grès immaculé à un petit désert sablonneux caché sur le vaste plateau sommital et aux sources fraîches près de tamarins et de menthe odorante. Une dizaine d'hommes seulement connaissent aujourd'hui ces pistes — chacun les siennes, bien sûr —, transmises au fil des générations et jalousement gardées dans le groupe, car il en va des terrains de chasse comme des coins à champignons : ça ne se donne pas ! Il y a même des itinéraires dont on sait seulement qu'ils ont existé mais dont on a perdu la trace. La mémoire est si fragile ! Alors ils sont devenus mythiques. Ainsi se demande-t-on ici où a été placée la poutre qui, jetée sur le *siq*, permettait d'atteindre le sommet sud du *jebel* Rum. C'est Hammad Hamdan qui a gravi seul, le premier, en 1972, la face est du Rum. La voie porte désormais son nom, « Hammad », et « Les Yeux d'Allah ». Hammad, qui était instructeur dans l'armée, est aujourd'hui garagiste à Wadi Rum. Calme et fabuleux grimpeur !

COMME UN PARCOURS INITIATIQUE VERS LA LUMIÈRE

Pour les alpinistes, ceux qui ne sont pas nés ici, réussir l'ascension de ce rocher inhabituel fait partie des expériences les plus riches d'une activité pourtant déjà bien pourvue en émotions fortes. Non pas forcément sur ses voies les plus techniques, mais par ses itinéraires, relativement faciles, dont on dit qu'ils furent ouverts par les Nabatéens qui, entre autres traces, laissèrent dans ces montagnes un temple en ruine dédié à Al Uzzah, l'antique déesse de la Fécondité. Ces ascensions comptent parmi les plus belles du monde, d'abord par la qualité du rocher. Si le grès du Rum est souvent trop tendre pour l'amateur de petites prises, il se prête admirablement à d'autres styles d'escalade. Là où, dans les Alpes, une raideur modérée est signe de matière friable, d'éboulis fastidieux, les montagnes du Rum dispensent des pentes de grès compact, adhérent, des *taffoni* confortables, ces trous ronds sculptés par le vent, le long desquels l'escalade se fait allègre et surprenante. La plus belle des ascensions se trouve peut-être là, au *jebel* Rum, escaladé en deux jours avec un bivouac sous le sommet. Le lever et le coucher de soleil allument une fantasmagorie de création du monde sur les dômes sommitaux. Ces claires rondeurs byzantines, qui coiffent les parois inférieures en grès sombre et débordent de leur verticalité en d'innombrables mâchicoulis, sont la récompense aux efforts de l'ascension, qui prend des allures de parcours initiatique. Une lente et obstinée progression dans les gorges obscures de la montagne mène vers la lumière des sommets, qui inonde une forêt de dômes de grès blanc sortie tout droit de l'imaginaire d'un auteur de bande dessinée fantastique. Qui pourrait résister à l'envie d'aller voir là-haut ? D'aller voir de là-haut la féerie du monde ?

Dans les dernières années de sa vie, le sheik Ataïq, alors presque centenaire, qui participa à la prise d'Akaba en 1917, trouvait la force de sortir dans le désert avec son tapis à prière. « Sheik Ataïq ne va jamais à la mosquée », expliquait son petit-fils Am-Salaam, « il ne veut pas de toit entre Dieu et ses prières. » ■

Vertes Montagnes

Le mont Kenya

Lorsque s'écartent les nuages, surgit l'éclair scintillant des glaciers et des neiges. Puis apparaissent les austères pans de rocs auxquels ils s'agrippent. Stries verticales gris-noir, roses ou orangées, selon l'inclinaison des rayons solaires, comme plantées au sommet d'une pyramide vert sombre, titanesque enchevêtrement végétal dont on ne peut embrasser le tour… Telle est la demeure du dieu Ngai, qui fait la pluie et le beau temps chez les Kikuyus. Ils la baptisèrent *Kirinyaga*, qui signifie dans leur langage « grande colline brillante ». Déformé en « Kenya » au fil des siècles, le nom de ce somptueux volcan jailli lorsque l'Afrique de l'Est se fissura de part en part s'étendit bientôt à tout le pays au cœur duquel il se dresse. Sous les pics en lame de lance de ses sommets explose une profusion de verts. Vert olive des bruyères tranchant sur le vert-bleu des genévriers et le gris-vert argenté de tout un peuple de mousses et de buissons. Vert-jaune d'autres bruyères, les géantes drapées d'usnées, vert tendre de la couronne feuillue des obélies dissimulant leurs fleurs bleu foncé. Une gamme infinie de nuances où joue la lumière, qui change au gré des brumes, des nuages, accrochant ici les branches désordonnées d'une bruyère arbustive, là l'antédiluvienne silhouette d'une fougère à la lisière de la forêt humide. Les profondeurs de cette dernière, livrées aux lianes, aux orchidées, aux camphriers, sont le royaume des grands fauves de l'Afrique sauvage et de leurs proies.

Pages précédentes : vers 3 500 mètres d'altitude, bruyères et bambous laissent la place à des paysages de lande dominés par les étranges silhouettes des lobélies (à gauche) et des séneçons géants (à droite). Au fond, les trois pics du mont Kenya. De gauche à droite : la pointe Lenana, facile d'accès, et les pics jumeaux du Batian et du Nelion, aux faces enneigées, réservés aux alpinistes.

Le mont Kenya, qui donna au pays son nom, est le plus haut sommet d'Afrique après le Kilimandjaro. Les Kikuyus le considèrent comme la demeure de Dieu.

Le mont Kenya

par Jean Robert

Planté au cœur du pays baptisé de son nom, le mont Kenya est le deuxième plus haut sommet du continent africain après le Kilimandjaro. Situés exactement sous la ligne de l'équateur, ses deux pics jumeaux, le Batian et le Nelion, culminent respectivement à 5 199 et 5 189 mètres face au Lenana, haut de 4 895 mètres et légèrement excentré. Il est né voici plus de trois millions d'années dans le tumulte tectonique du rift africain. Pendant sa période d'activité, qui s'étendit sur environ cinq cent mille ans, ce stratovolcan — qui ressemblait sans doute au vaste sommet en plateau de l'actuel Kilimandjaro — devait dépasser 6 500 mètres d'altitude. Et puis, l'ancien cratère, progressivement érodé, laissa la place à ses trois pics, anciennes cheminées volcaniques (dites « necks » en volcanologie), tandis que la calotte glaciaire qui le surmontait creusait les amples vallées d'altitude et les dépressions où se nichent les lacs. Lors d'un réchauffement climatique, il y a cent cinquante mille ans, les nombreux glaciers accrochés comme des draperies de soie aux flancs du volcan commencèrent à fondre, laissant derrière eux de gigantesques moraines.

NOMBRIL ET CHÂTEAU D'EAU DU KENYA

Tous les glaciers, cependant, n'ont fort heureusement pas disparu du mont Kenya. Reste sa couronne, véritable château d'eau du pays, où prennent naissance, entre autres, ses deux principaux cours d'eau, le fleuve Tana et l'Ewaso Ngiro, vitaux pour les immenses régions sauvages qu'ils irriguent, et pour plus de sept millions d'habitants qui y vivent. Comme de nombreuses autres régions montagneuses d'Afrique, les coteaux bien arrosés et fertiles de ce vieux volcan abritent depuis des siècles une importante population de petits agriculteurs. La plupart sont d'origine bantoue. Les Kikuyus, installés au sud et à l'ouest du mont Kenya, sont les plus nombreux, suivis des Embus, au sud-est, et des Merus, sur les flancs est et nord-est. Tous, depuis le XVIe siècle, ont peu à peu défriché la forêt primaire pour cultiver leurs pommes de terre, leur maïs, leurs haricots, leurs oignons et leur millet. Cette montagne, *Kirinyaga* dans le parler kikuyu, était pour tous la demeure de Dieu. Ngai pour les uns (les Kikuyus) et Murungu pour les autres (les Merus), il avait le pouvoir de déchaîner les orages de grêle sur les flancs de son domaine pour punir les intrus, aussi seuls les anciens choisis par la communauté étaient admis à s'aventurer sur les pentes escarpées de cette montagne. Que le ciel soudain s'obscurcisse, que les vents se lèvent, que des blocs de glace se détachent des sommets, tout phénomène était interprété comme venant du dieu. En vertu de ces croyances anciennes, toujours bien ancrées, les paysans orientent la porte d'entrée de leur maison face à la montagne, comme ils enterrent leurs morts la tête tournée vers elle.

DES NEIGES ÉTERNELLES SOUS L'ÉQUATEUR

Pendant des siècles, le *Kirinyaga* appartint à l'Afrique mystérieuse, dont l'Occident, malgré sa quête obstinée d'esclaves et de pierreries, ne parvint pas à percer les secrets. En 1849, on entendit parler en Europe d'un volcan aux neiges éternelles situé presque sur l'équateur. L'information venait d'un missionnaire allemand, Johann Ludwig Krapf, revenu d'un long voyage à l'intérieur des terres de l'est du continent. Balivernes ! se récrièrent les érudits de la Société géographique royale de Londres. Qui pourrait accréditer la présence de neiges éternelles là où, sur terre, il fait le plus chaud ? En 1883, l'Écossais Joseph Thompson, intrigué, voulut en avoir le cœur net et partit sur les traces du missionnaire. Ayant exploré une partie du massif central de cette région, il confirma la présence de glaciers. Cinq ans plus tard, le comte Samuel Teleki de Szek et le lieutenant autrichien Richard von Hohnel tenteront d'atteindre ces glaciers, mais seront contraints d'abandonner à 915 mètres d'altitude pour cause de mauvais temps. Ce sera finalement l'Anglais Halford Mackinder qui, en 1899, fera la première ascension du mont Kenya avec deux guides italiens. Partie à pied depuis la côte de Zanzibar, son expédition — forte de cent soixante-dix porteurs — mit plus d'un mois à atteindre le pied de la formidable montagne. Après plusieurs tentatives infructueuses, l'alpiniste en atteindra le point culminant, le pic de Batian.

FOUGÈRES GÉANTES, BUFFLES ET LÉOPARDS

Depuis Nairobi, la capitale du Kenya, établie 180 kilomètres plus au sud, on distingue clairement l'assise du volcan, d'environ 50 kilomètres de diamètre, mais les cimes restent presque toujours cachées dans l'épais halo des nuages qui s'amoncellent autour. Si de nombreuses pistes carrossables mènent à la base du géant, c'est à pied que l'on est contraint de poursuivre, par l'un des trois itinéraires principaux, Naro Moru, Sirimon ou Chogoria, pour gagner la région d'accès aux grands pics. On traverse d'abord, jusqu'à près de 1 800 mètres d'altitude, des plaines fertiles et des parcelles cultivées. Les versants sud et est, les plus humides et donc les plus fertiles, abritent de nombreux villages. Plus haut, on entre dans la forêt d'altitude humide. Grâce à la clémence des températures — qui se situent entre 15 et 20 °C le jour — et à l'humidité, favorisée par le manteau nuageux, les cimes des arbres peuvent dépasser 40 mètres de haut.

***Ci-dessus* : un daman des rochers se réchauffe au soleil devant les pics du mont Kenya. Ce petit ongulé ne dépasse pas 30 centimètres au garrot pour un poids de 2 à 5 kilos, et pourtant on a retrouvé des fossiles de damans primitifs de la taille d'un buffle !**
***À gauche* : installés sur les pentes du mont Kenya depuis le XVIe siècle, les Kikuyus perpétuent leurs danses guerrières.**

On chemine dans une profusion de fougères géantes et de camphriers couverts de lianes, d'orchidées et de plantes épiphytes. Dans l'exubérante forêt s'abritent de nombreux animaux : des éléphants, des rhinocéros, des léopards, des singes, plusieurs espèces d'antilopes et des hylochères, appelés aussi « sangliers géants », ainsi que des buffles. Ces derniers se déplacent en imposants troupeaux qui, parfois, s'installent sur le chemin. Leur caractère ombrageux interdisant toute mesure d'intimidation, il faut de temps à autre, pour passer, se cacher pendant des heures en attendant qu'ils veuillent bien céder la place.

UNE FLORE FABULEUSE OÙ S'ACCROCHENT LES BRUMES

Vers 2 500 mètres d'altitude, la forêt cède progressivement le terrain à une dense ceinture de bambous, des géants qui, sur les pentes sud et ouest de la montagne, dépassent 12 mètres de hauteur ! Là prospèrent aussi des oliviers, des genévriers, de splendides hagénias au tronc rouge-noir ainsi que des *hypericums* géants. Plus haut encore, vers 3 000 mètres, apparaît l'étage dit « subalpin », caractérisé par des bruyères géantes frangées de guirlandes de mousses et de lichens. Un monde merveilleux, tout peuplé d'ombres et de fantômes dès que le brouillard tombe. Cette zone centrale, qui s'étend sur 715 kilomètres carrés, constitue le parc national du mont Kenya. Créé en 1949, il est inscrit depuis 1997 sur la liste des sites naturels du patrimoine mondial de l'Unesco, car s'y abrite un écosystème afro-alpin d'une exceptionnelle richesse, avec près de neuf cents espèces et variétés de plantes recensées, parmi lesquelles quatre-vingt-une sont endémiques. Au-delà de 3 300 mètres d'altitude, c'est le royaume des fleurs — alchémilles, glaïeuls et delphiniums — dans une lande jonchée de rochers. D'étranges silhouettes se dressent dans les zones les plus sèches des vallées et sur les crêtes : ce sont des lobélies, aux hautes hampes portant des fleurettes bleues dissimulées sous les feuilles, et des séneçons, aux allures de chou monté trop vite. Avec les quelque 4 mètres de hauteur qu'atteignent les plus grands, ces lointains cousins équatoriaux de nos pissenlits et de nos marguerites (tous appartiennent à la famille des composées) ne leur ressemblent guère ! Un aigle aux ailes immenses passe au-dessus de nos têtes en planant, silencieux, sur ces décors étranges dignes des vieux films d'aventures. C'est que, malgré l'altitude, la faune est riche encore, et les proies ne manquent guère. On voit souvent, par ici, le daman des rochers, sorte de marmotte ; il est relativement peu farouche, contrairement au léopard, dont certains alpinistes ont relevé des traces à plus de 4 500 mètres. Dans la région des cimes également, les restes d'un éléphant et de plusieurs buffles ont été retrouvés.

LES ÉTERNELS GLACIERS DU DIEU NGAI

Le cœur cogne et les jambes vacillent lorsqu'on attaque les pentes enneigées de la pointe Lenana. Encore une dernière crête vertigineuse au-dessus du glacier Lewis, un dernier effort, et c'est l'arrivée, le sommet. Avec ses 4 895 mètres de hauteur, le troisième pic du mont Kenya, dit aussi « mont des Trekkeurs » parce qu'il est facile à gravir, donne directement sur les falaises verticales des pointes Batian et Nelion, dont l'ascension est réservée aux alpinistes avertis. La brume matinale s'est dissipée, et les lames des deux pics se découpent sur un ciel d'azur. À 300 kilomètres au sud, la silhouette du Kilimandjaro se devine, calme et rose, comme flottant dans les lointains gris perle. Juste en contrebas, les glaciers luisent sous le soleil qui les effleure à l'oblique. Ils étaient dix-huit, les glaciers du mont Kenya recensés en 1893 ; ils sont onze aujourd'hui. Pour combien de temps ? Depuis 1963, 40 % de la calotte glaciaire kenyane a fondu. Des scientifiques ont mesuré le phénomène. Alors, si le réchauffement global de la planète se confirme, ces neiges éternelles auront disparu dans vingt à trente ans. « Impossible ! », affirme Kiruyu, notre guide. Avec à son actif plus d'une centaine d'ascensions au mont Kenya, il ne croit pas à ce scénario, et il est formel : « Les glaciers ont toujours fait partie du domaine de Ngai, notre dieu. Ils font corps avec la montagne et ne peuvent disparaître. » ■

Les Ruwenzori

Que les nuées dénouent pendant quelques heures leur écharpe de brume et les Ruwenzori paraissent aux yeux des hommes. Par un beau jour de 1888, Henry Morton Stanley regardait dans la bonne direction. Lentement libérés de leurs nuages par une trouée de ciel clair, les monts de la Lune étaient là. Célèbres sous ce nom depuis l'Antiquité mais jamais encore localisés, ils venaient de lui être offerts par un caprice du temps. Les Bajonkos, habitants des parages, les connaissaient depuis des lustres, mais les Européens n'ayant jamais questionné ces hommes à ce sujet, ils ne leur avaient jamais parlé de ce fantastique massif qu'ils nommaient *Ruwenzori*, « monts faiseurs de pluie ». Stanley ne débaptisa pas ces montagnes furtives, qui dressent à l'ouest du lac Victoria leurs vingt-cinq sommets et leurs monstrueux glaciers, où le Nil prend sa source. En altitude, sur leurs flancs abrupts, pousse tout un peuple végétal étrange, telles les rares lobélies aux allures de cierges géants, fantomatiques et inquiétants veilleurs dans la brume. Dans les forêts du Virunga, le massif voisin, vivent les derniers gorilles, aux usages si humains.

Sir Henry Morton Stanley

Grand explorateur de l'Afrique

De modeste reporter, Stanley est devenu par hasard l'un des plus grands explorateurs de l'Afrique. Né au pays de Galles en 1841, John Rowlands, fuyant la pauvreté de son milieu, s'embarque à dix-huit ans comme mousse sur un navire à destination de la Louisiane, où il est adopté par un négociant dont il prend le nom : Henry Morton Stanley. Pendant la guerre de Sécession, il revêt la tunique grise des Sudistes, puis la bleue des Nordistes. En 1867, le *New York Herald*, qui a besoin de courageux, l'accrédite comme simple reporter auprès du général anglais Napier, qui ferraille alors en Éthiopie contre le négus Théodoros. Stanley se découvre une passion, ses articles plaisent. Gordon Bennett, le patron du journal, fait alors un pari : l'envoyer en Afrique sur les traces du docteur Livingstone, dont on est sans nouvelles depuis des mois. À la tête d'une procession invraisemblable de porteurs et de soldats, Stanley retrouve le célèbre explorateur en octobre 1871 à Oudjidji, au Congo. La gloire… Mais Livingstone ne veut pas quitter l'Afrique. Fasciné par « ce mysticisme voisin du martyre qui rejoint chez Livingstone la soif de la découverte », Stanley décide de terminer le travail du bon docteur à la mort de celui-ci, en 1873. Il explore le lac Victoria, le Tanganyika, l'Ouganda, découvre les Ruwenzori… Il lui faudra près de quatre ans pour reconnaître le cours du fleuve Congo. Cet événement considérable ouvre le cœur de l'Afrique aux colonisateurs européens. Ennemi du palabre, surnommé « le Briseur d'obstacles », réputé pour son usage immodéré des armes automatiques, sir Henry Morton Stanley a offert l'ex-Zaïre au roi des Belges. Ennobli, élu membre de la Chambre des communes, il s'éteint à Londres en 1904.

Fréderic Denhez

C'était l'Afrique romanesque, celle des explorateurs en bermuda et casque colonial. Stanley était parti à la recherche d'Emin Pacha. Pendant son voyage de retour, le ciel s'éclaircit un instant au-dessus des monts de la Lune. Ainsi localisées, ces montagnes furent par la suite arpentées et photographiées. Il y eut, depuis, tant d'images des glaciers que ceux-ci servent aujourd'hui de maîtres étalons pour mesurer le réchauffement de l'atmosphère.

Pages précédentes **: ces paysages d'aube du monde n'ont pourtant que quelques dizaines de milliers d'années. Les Ruwenzori, qui forment un colossal massif resté longtemps mystérieux, sont une île de végétation que le réchauffement climatique succédant à la dernière glaciation n'a pas réussi à assécher. Un miracle…**

Ci-dessous **: cette petite lobélie attend la pluie. Aucune goutte d'eau, pas même de rosée, ne lui échappe. Réservoir permanent, cette fleur abreuve un petit écosystème d'animaux minuscules.**

Les Ruwenzori

par Frédéric Denhez

Monter à l'assaut du pic Margarita est une épreuve. Le Kilimandjaro, à côté, fait sourire. Les Ruwenzori vous happent. Ils vous étouffent et vous aspirent, dans une ambiance préhistorique où l'on ne s'étonnerait pas de trouver quelque Hobbit tout droit sorti du *Seigneur des anneaux* de Tolkien. L'eau s'insinue partout jusqu'à l'oppression. Elle réduit le champ de vision, bouche les perspectives, dilue les couleurs, baisse le contraste, use les formes.

La vision est étrange. Est-ce un décor ? Comme les volcans qui les entourent, les poisseux Ruwenzori semblent juste posés sur la savane assoiffée. En fait, ces monts ne sont pas « orthodoxes ». Ils ne sont pas le fait d'un banal chiffonnage de la croûte terrestre, mais d'une improbable élévation brutale du socle précambrien de l'Afrique. Au cours du creusement de la branche occidentale du rift, il fallait bien que le plateau du continent se soulève quelque part pour compenser l'effondrement ! Surélevée, penchée vers l'ouest, la roche a été immédiatement soumise à l'érosion, qui en a digéré une bonne partie. Ce qu'il en reste est si élevé qu'il retient, trois cent soixante-cinq jours par an, les nuages venus de l'est. Condensée en brumes, en pluies et en neiges, stockée sous forme de glace, l'humidité des nuées opaques abreuve, à l'abri des regards, le Nil et la végétation des monts orientaux de l'Afrique nés il y a une vingtaine de millions d'années de la fissuration du continent par le Grand Rift. Cette gigantesque entaille, longue de près de 6 000 kilomètres et qui aboutit en Méditerranée, ne s'est pas faite proprement : en Afrique centrale en particulier — où sommets, volcans et grands lacs sont les craquelures les plus voyantes des lèvres meurtries du formidable rift —, la plaie est vilaine, comme cloquée, crevassée en maints endroits.

UN FANTASTIQUE PIÈGE À NUAGES

À l'ouest du lac Victoria, qui les sépare des volcans Kilimandjaro et Kenya, les Ruwenzori sont la plus étrange de ces blessures. Serrés entre le lac Albert, au nord, et le lac Édouard, au sud, ils constituent une gigantesque frontière de pierre qui sépare, mieux que des canons, la république démocratique du Congo (ancien Zaïre) et l'Ouganda. Parmi les vingt-cinq sommets de cette barrière monstrueuse, que même les nuages peinent à dépasser et qui s'étale sur 120 kilomètres de long et 80 kilomètres de large, six s'élèvent au-dessus de 4 600 mètres et sont coiffés de neiges éternelles. Six autres sont habillés de glaciers. L'un des plus beaux, l'Elena, est accolé au troisième sommet d'Afrique, le pic Margarita, qui domine le rift occidental du haut de ses 5 109 mètres.

Elle qui manque tant au pied de ces montagnes, au-dessus, diluée dans l'atmosphère, elle fait peur. Environné de brume sombre, on se sent en effet à la merci de créatures inconnues qui erreraient parmi les plantes, aux imprécises silhouettes dressées, tels des fantômes. En dessous de 2 400 mètres, le promeneur traverse une forêt tropicale unique, vestige de celle qui, au quaternaire, occupait une bonne partie de l'Afrique. Le temps s'est asséché et les sylves denses sont devenues savanes… sauf dans ce refuge à l'abri des hommes. Sous la canopée, l'eau exalte les odeurs d'humus. On s'enfonce à chaque pas, dans des bruits de succion d'éponge pressée. Le regard bute sur l'envers des frondes de fougères plus hautes que des réverbères. Au-dessus d'elles, des lianes, des épiphytes touffus et des lichens extravagants figurent la barbe de très vieux arbres. Si hauts qu'on en voit mal le sommet, les podocarpes — étranges conifères dont les ancêtres sont apparus au temps des dinosaures — se déploient, de plus en plus nombreux à mesure que l'ascension progresse.

L'HISTOIRE DU MONDE SE LIRAIT ICI

À 2 400 mètres environ leur succèdent des bambous de 20 mètres de haut, parmi lesquels le promeneur étouffe dans une ombre comme maléfique. Encore 600 mètres, et la vue se dégage. Sur un sol de roches rongées, corrodées par les éléments (ce qui n'a jamais fourni un terreau de qualité !), prolifère une lande luxuriante. D'énormes protéas s'agitent dans le vent à

Face aux braconniers, le gorille n'a plus qu'une issue : se cacher. Il est condamné par le fusil ou, à long terme, par la dérive génétique qu'induit la consanguinité tant son groupe est aujourd'hui restreint. Voici la cabane où sa protectrice, Dian Fossey, vécut et mourut assassinée en 1985. Son travail et ses recherches gênaient beaucoup de monde…

13 mètres du sol, entre les massifs de bruyère parmi lesquels près de cent soixante-dix espèces d'oiseaux trouvent pitance, tandis que s'y cache l'hyrax, sorte de marmotte à sabots, voire quelque fugace chimpanzé. Alentour, des tourbières éparses engloutissent toute créature imprudente sous des tonnes de boue. Encore 800 mètres, et voici les neiges qui habillent éternellement les flancs des Ruwenzori. C'est ensuite le tour de la végétation « afro-alpine » : des lobélies à l'allure de cierges de 5 mètres de haut et des séneçons épais comme des arbres bordent le lac Bujuku. Pour terminer, c'est la glace, qu'on ne peut parcourir sans piolet, qui mène au sommet. De là-haut, on est pris de vertige. Vaincus par l'obstination, les Ruwenzori, dont 965 kilomètres carrés ont été classés en 1994 par l'Unesco au patrimoine mondial de l'humanité, semblent cacher l'histoire du monde. Dans leur forêt recluse, la vie paraît immuable, et les animaux dépourvus de crainte. Comme si rien n'avait changé depuis des millions d'années. En revanche, la savane qui s'étend au levant de ces monts glacés est un champ de bataille pour les bêtes, condamnées à lutter pour une bien maigre pitance. Entre les deux, le rift. D'un côté, les fossiles des premiers hommes. De l'autre, les grands singes. Pas aux Ruwenzori, mais un peu plus au sud, dans la forêt de Bwindi et le massif volcanique de Virunga — en tout point comparables —, où quelques centaines de gorilles des montagnes attendent la fin de leur « sous-espèce » face aux chasseurs et aux visiteurs, trop nombreux. Leurs ancêtres auraient-ils évolué vers l'humanité si le rift avait bouleversé leurs habitudes ? Quoi qu'il en soit, la rencontre est fulgurante.

RENCONTRE AVEC DES GORILLES REMARQUABLES

Le gorille, invisible la seconde d'avant, se détache lentement du décor de bambous. Masse impressionnante, sombre, légèrement argentée. Au sommet de la tête, énorme, une coiffe bombée repose sur de très épais sourcils qui font de l'ombre aux petits yeux, un peu enfoncés. Noirs, ils vous fixent, vous imposent une certaine distance, à ne surtout pas dépasser. À contre-jour, en léger profil, le visage est troublant. Les mimiques, les expressions, n'ont rien d'animal.

Le gorille s'assied et mange. Il ne boit presque jamais tant les plantes sont gorgées de sucs. Rassasié, il regagne son lit de feuillages, préparé pour la nuit, puis vocalise ! La troupe accourt, se regroupe, et quelques gestes rappellent aux uns et aux autres la hiérarchie. Que l'un d'eux soit anxieux, et il se frappe aussitôt la poitrine de ses deux poings fermés ; Tarzan n'a rien inventé… La vie du gorille est scandée par un rituel qui emmène le visiteur vers sa lointaine préhistoire, comme un miroir dont il peut être difficile d'accepter le reflet. C'est justement pour ne pas le voir, selon certains anthropologues, que les braconniers tueraient ces presque humains, dont nous séparent, simple barrière mentale, les rassurantes forêts des Ruwenzori.

LE JOUR OÙ LA PLUIE CESSERA…

Si les Ruwenzori ne passionnent pas les paléontologues, ils intéressent grandement les glaciologues, qui s'inquiètent de leur avenir. Les chercheurs se préoccupent en particulier de l'Orubare, qui s'écoule sur un des flancs du mont Stanley (ce dernier est hérissé de neuf pics, dont le Margarita). La fonte saisonnière de cette mer de glace alimente en effet le lac Édouard et son proche voisin, le lac Georges, et par ce chemin apporte l'eau à cinq cent mille Ougandais. L'eau s'échappe également de ces lacs par la rivière Semliki et rejoint le lac Albert, puis se mêle au Bahr-el-Jebel, le Nil blanc. Depuis les photos prises en 1906 par Vittorio Sella et le duc des Abruzzes, premiers alpinistes à avoir fait l'ascension des Ruwenzori, l'Orubare s'est disloqué, et les quatre morceaux dénombrés en 1994 forment un ensemble plus petit qu'il ne l'était il y a presque un siècle. Il en va ainsi de tous les glaciers du massif. Leur surface aurait diminué de 35 % sur le mont Stanley, de 25 % sur le Speke et de 8 % sur le Baker, ces trois monts formant l'essentiel du massif. Selon les chercheurs, l'étendue des glaces est passée de 200 kilomètres carrés voici quinze mille ans à 3,9 kilomètres carrés aujourd'hui. Faut-il, dans ce phénomène, voir les conséquences de l'effet de serre ? Pas tout à fait. À la fin du XIXe siècle, le climat de l'Afrique de l'Est devint, en quelques années, un peu moins humide. Au cours du siècle suivant, sa couverture nuageuse s'est amoindrie car les déplacements d'air qui provoquent la formation des monstrueux cumulo-nimbus tropicaux se sont réduits. La neige, en conséquence, se trouve chaque jour soumise dès l'aube aux ultraviolets, qui la transforment en eau. Si les vents de mousson qui alimentent les nuages étaient un jour détournés, les glaciers du massif géant finiraient, eux aussi, par disparaître dans le cours du Nil. Une ultime fois. Un bout d'Afrique supplémentaire serait assoiffé, et il n'y aurait plus de miroir pour refléter la douce lumière lunaire : les Ruwenzori, longtemps monts de la Lune, perdraient ce surnom… ■

Les Pyrénées

Une façon têtue de barrer l'horizon... Au sud, les couleurs chaudes de l'Afrique : des bruns, des ocres, des rouges. Au nord, toute la gamme froide des bleus, des verts et des gris, que des orages phénoménaux viennent rehausser de moire scintillante. Les Pyrénées, cette fantastique muraille couronnée de dentelles de granit, de schistes, de grès et de calcaires décline, d'est en ouest, entre France et Espagne, tout ce que les forces de la terre et l'usure du temps peuvent s'ingénier à sculpter comme cirques, pics, aiguilles et vallées. Noyés dans l'ombre menaçante de ce chaos minéral s'étalent des vallons paisibles et des sous-bois ombreux, se cachent des gorges secrètes où foisonnent des plantes rares et des animaux ailleurs inconnus. Un spectacle permanent que le soleil, dans sa course, remodèle, gomme, recrée et métamorphose à chaque instant. Univers excessif et serein, hostile et chaleureux, où l'homme s'est glissé il y a des millénaires, a gravé des bisons sur les parois des cavernes, poussé ses troupeaux au plus haut des vallées, et dont il transforme, aujourd'hui, chaque obstacle en autant de raisons de se dépasser.

Bastion, rempart, château fort ? Plutôt château d'eau ! Si la chaîne semble parfois aride (à droite, au Pays basque), l'eau y abonde et les lacs (ci-dessus, le lac de Soum, dans les Hautes-Pyrénées) y sont innombrables. Sont-ils mille ? Deux mille ? Les avis sont partagés. Cette richesse a longtemps échappé aux observateurs : sur la première carte détaillée des Pyrénées, établie par Sanson, géographe de Louis XIV, ne figurent que dix lacs, dont deux sont imaginaires !

Pages précédentes : Pays basque français (à gauche) ou Haut-Aragon (à droite), une même grandeur, mais, côté espagnol — ici, le canyon d'Ordesa —, la nature est préservée grâce au parc national d'Ordesa. Créé en 1918, ce parc a joué un rôle majeur dans la protection d'espèces rares tels l'aigle royal, le lagopède, l'isard ou le bouquetin.

La ligne de partage des eaux, qui dessine assez précisément la frontière entre France et Espagne, marque également des limites climatiques très nettes. Au contraire du versant espagnol très aride dans l'ensemble, le côté français, que l'on voit ici, est verdoyant grâce aux perturbations atlantiques qui amènent sur ses pentes des pluies en abondance et des neiges sur ses sommets. Si le fond des vallées reste généralement dévolu aux cultures, l'herbe des pacages prennent le relais dès 300 mètres d'altitude. À 600 mètres apparaissent les forêts, des hêtraies surtout avec, çà et là, des sapinières. Denses jusqu'à 1 200 mètres, elles s'estompent et, vers 1 600 mètres, abandonnent le sol à de pauvres étendues herbeuses trouées de rocs. Ces derniers, avec neiges et glaciers, forment les paysages minéraux des hautes cimes.

Les Pyrénées

par Jean Girbas

Sur un socle de verdure, une ligne de crête dentelée, crénelée, régnant à l'infini sur l'horizon. Est-ce cette morphologie massive qui vaut aux Pyrénées d'appeler la simplification ? Ainsi, dans cette formidable muraille s'étalant de l'Atlantique à la Méditerranée sur plus de 450 kilomètres, Ibn Khaldoun, historien et philosophe arabe pourtant subtil, n'avait vu au XIVe siècle qu'une « barrière ». À peine plus généreux, Victor Hugo la qualifiait cinq cents ans plus tard de « rempart ». Enfin, avant que les publicitaires du XXe siècle ne l'étiquettent « frontière sauvage », ce qui ne veut pas dire grand-chose, l'écrivain espagnol Miguel de Unamuno en faisait la limite entre l'Europe et l'Afrique. Cette dernière définition, quoique réductrice elle aussi, possède au moins le mérite de rendre à cette somptueuse chaîne de montagnes toute l'ampleur de sa fantastique histoire… géologique, s'entend.

***Ci-dessus* : muletiers espagnols passant la frontière. Cette pratique, illustrée ici par un artiste du XIXe siècle, a perduré jusqu'aux années 1960. *À droite* : le parc des Pyrénées compte aujourd'hui quelques ours bruns. *En bas* : un berger et ses bêtes.**

LA CICATRICE D'UN COMBAT DE TITANS

Tout a commencé il y a cinq cents millions d'années, à l'époque où la terre n'avait pour tous continents que le Gondwana et la Laurasie qui, lentement, allaient se rapprochant, jusqu'à ce qu'ils coincent entre eux, plissent et expulsent de gigantesques amas de sédiments déposés au fond de l'océan, faisant jaillir une première chaîne de montagnes. Vite érodée — en une centaine de millions d'années —, cette dernière ne laissera qu'un volcan : le futur pic du Midi d'Ossau. Après quoi, Gondwana et Laurasie s'étant soudés en un ensemble unique, la Pangée, deux plaques de belle taille s'en détachèrent et, partant à la dérive, vinrent butter l'une contre l'autre. Elles se frottèrent et luttèrent pendant quarante millions d'années, jusqu'à ce que l'une, celle qui devint l'Espagne, passe sous celle qui forma le reste de l'Europe et la soulève, dans un colossal dévers de roches et de sédiments qui s'amoncelèrent alentour. Les Pyrénées étaient nées. Plus tard, des glaciers géants les raclèrent, les rabotèrent, les rognèrent, laissant en se retirant, il y a quinze mille ans, l'ébauche de la chaîne que nous connaissons : pour les montagnards, le pays généreux, dur, superbe qui est leur cadre de vie ; pour les esthètes, un panorama grandiose aux éclairages sublimes en toutes saisons ; pour l'homme épris d'aventures, un défi permanent.

VERS LA LUMIÈRE BRUTALE DES MONTS PERDUS

Ce défi, Louis Audoubert l'a relevé. Alpiniste, photographe, amoureux de ses montagnes, il décida par un beau jour de juin 1985 de se lancer dans la grande traversée — de la Méditerranée à l'Atlantique — en suivant la vraie frontière. Pas celle tracée en 1659 par le traité des Pyrénées, mais la ligne naturelle de partage des eaux. Une première. Parti du pied de la falaise de Cerbère, au large de laquelle est immergée la dernière des six cent deux bornes frontières qui jalonnent la chaîne, il ne posa son sac qu'une fois parvenu à la borne numéro 1, à Hendaye. Il avait alors, accompagnant le soleil dans sa course, franchi 700 kilomètres, gommé près de 70 000 mètres de dénivelé, gravi neuf cent treize sommets, tutoyé les aigles et les isards, tracé sur le rempart évoqué par Victor Hugo un formidable chemin de ronde et contemplé, quarante-neuf jours durant, un monde d'une infinie richesse. Un véritable voyage initiatique, commencé dans les effluves iodés de la Méditerranée, dans cette lumière dense, dure, qui découpe le paysage au scalpel et y plaque les couleurs comme sur la toile d'un peintre cubiste, et achevé dans un moutonnement de croupes boisées, baignées par la lumière légère, un peu voilée, du ciel atlantique. Entre les deux, sur des centaines de kilomètres, un monde dur, rugueux, foisonnant, à la fois cabinet de géologie, conservatoire naturel et livre d'histoire. Un triptyque somptueux. Le premier volet, purement méditerranéen, est succinct. À peine le temps d'une mise en jambes sur la chaîne des Albères, celui de franchir le Vallespir et les cerisaies de Céret, de gravir les formes rondes, un peu massives, du Canigou, que déjà les Pyrénées changent de registre. Les senteurs de garrigue cèdent la place à l'air plus léger de la haute montagne. Côté espagnol, décapés, rongés jusqu'à l'os, les plus hauts sommets de la chaîne : *monte* Perdido, Maladeta et pic d'Aneto, qui toise l'ensemble du haut de ses 3 404 mètres. C'est la somptueuse garde prétorienne du Haut Aragon, ce colorado oublié où les villages morts disent toute l'âpreté d'une terre sans merci, où les ocres et les bruns des plateaux déchiquetés ont la beauté brutale d'un tassili. Le parc national d'Aiguestortes y marie la démesure de la *sierra* des Encantats, la « chaîne des Ensorcelés », et la douceur de ses vallées basses, où le printemps rehausse du rose et du rouge des rhododendrons le vert tendre des hêtres et des bouleaux.

FLÈCHES CISELÉES, SAULES NAINS ET FLEURS FOSSILES

Côté français, les couleurs, plus froides, jouent sur les gris et les verts, dramatisent les reliefs. Ici, l'érosion glaciaire a ciselé les sommets comme des flèches de cathédrale, les décapant de leur gangue de roche tendre, taraudant leurs flancs jusqu'à y creuser des cirques colossaux : Troumouse, Estaubé, Gavarnie… Brèche de Roland, col d'Aspin, du Tourmalet ou d'Aubisque, chaque trouée, chaque col y pèse son poids de hauts faits, et la geste des pairs de Charlemagne y côtoie celle des

forçats du Tour de France. La légende s'y lit dans les livres d'histoire et la rubrique sportive, mais l'histoire naturelle s'y étudie les fesses dans l'herbe et le nez dans les nuages.

Il faut prendre son temps. De Troumouse à Lescun, sur une centaine de kilomètres, le cœur de la chaîne foisonne de vie. Le sanctuaire du parc national des Pyrénées, qui déroule son tracé vagabond dans les hauteurs de six des plus belles vallées (Aspe, Ossau, Azun, Cauterets, Luz et Aure), y déploie à peu près toute la faune et la flore de cette formidable chaîne de montagnes. Dans les éboulis d'altitude, où apparaissent les premiers pins à crochets — montagnards émérites —, les saules nains rampants se prennent pour des bonsaïs, tandis qu'isards et bouquetins jouent les funambules. Dans les landes, dans les forêts de hêtres et de sapins et, plus bas, à l'ombre des chênes, des ormes, des frênes et des châtaigniers prospère une pléthore d'espèces végétales, dont cent cinquante ne se trouvent nulle part ailleurs. Parmi elles, le lis jaune, le chardon bleu, l'androsace ciliée, l'iris des Pyrénées, l'ancolie et, surtout, la reine, cette ramonde des Pyrénées, d'apparence si fragile avec ses pétales diaphanes, rose et violet, qui a pourtant survécu aux grandes glaciations.

Dans les eaux glacées et limpides des lacs innombrables, l'euprocte, étrange cousin de la salamandre, fait miroiter fugitivement l'éclair d'or de son dos. Au creux des ruisseaux et des torrents, le desman, une singulière taupe aquatique, aux pattes palmées et à la trompe fouineuse, chasse, malgré sa cécité, avec une fulgurante efficacité. Loin au-dessus des cimes, gypaètes barbus, aigles royaux, vautours fauves, percnoptères d'Égypte et faucons pèlerins veillent avec gourmandise sur ce petit monde.

DANS LE VENTRE DU DIABLE

À l'extrémité ouest du parc, le pic d'Anie ouvre le troisième volet de ce voyage. Cette modeste pyramide calcaire, qui culmine à 2 504 mètres, ne fut pourtant vaincue qu'en 1866, quatre-vingts ans après le mont Blanc ! La croyance populaire, il est vrai, y situait le jardin du diable, et le paysage ne fait rien pour la contredire ! La pluie, la neige et le gel y ont érodé, corrodé, taraudé la pierre, balafrant le sol de failles et de fissures où prospèrent pourtant silènes brise-pierres, potentilles endémiques, saxifrages ou campanules fluettes. En sous-sol se déroule l'écheveau de galeries et de gouffres de la Pierre-Saint-Martin, dont le haut lieu est la salle de la Verna, le ventre du diable, 250 mètres de diamètre pour 180 mètres de haut. À peine y a-t-on pénétré qu'on se retrouve glacé par les courants d'air, abasourdi par le grondement du torrent qui dévale au milieu de blocs cyclopéens. Le plafond est si haut, si loin, que la lumière incertaine des lampes transforme les veines de calcaire qui le strient en autant de nuages, au point que, dans les entrailles de la terre, on se croit revenu à l'air libre ! Un décor pour Jules Verne…

DES SENTIERS TRACÉS AUX TEMPS DE LA PRÉHISTOIRE

Au dehors, vers l'ouest, le troisième volet du triptyque pyrénéen joue l'apaisement. Les formes s'arrondissent, et au hérissement des pics succède un moutonnement de croupes. Les arbres s'emparent peu à peu des lignes de crête, et sur les maisons aux façades immaculées l'ardoise grise cède la place aux tuiles rouges. Au cœur des villages, l'ocre des frontons décore les églises et, dans les jardins, les hortensias éclatent comme des feux d'artifice. On est bien loin de la « frontière sauvage », et même de la frontière tout court, qui taille dans le vif des terres, des cultures et de l'histoire. Cette frontière aurait-elle plus de réalité au cœur de la chaîne, dans ces vallées paisibles où les villages et les hameaux égrènent leurs maisons le long de chemins de transhumance déjà suivis aux temps préhistoriques ? Pas vraiment. Ici, on s'est longtemps étripé pour quelques arpents de pâturages, mais depuis des siècles, traités « de lies et passeries » ont mis bon ordre à ces querelles. Aujourd'hui encore, tous les 13 juillet, les édiles de la vallée de Baretous retrouvent les alcades de la vallée espagnole de Roncal autour de la borne frontière 262, au col de la Pierre-Saint-Martin, et y renouvellent la Junte, l'Union, cet accord passé entre les éleveurs des deux vallées pour exploiter dans la paix les estives espagnoles. La Junte, qui remonte à 1375 — vraisemblablement le plus ancien traité international en vigueur —, est toujours scellée de la même déclaration : *Paz aban !* (« la paix d'abord »). Et tant pis pour la frontière des États.

Quant à la sauvagerie… Étaient-ils si sauvages, ces hommes qui ont gravé à la pointe de silex, dessiné, peint ou sculpté la faune qui les entourait ? Ceux qui tracèrent des silhouettes de bisons sur les parois des grottes à Niaux et au Tuc d'Audoubert, l'ours de la grotte de Montespan-Garonne, les bisons et les rhinocéros de Tautavel ou encore le petit cheval d'ivoire retrouvé dans la grotte des Espelugues ? Sauvage, l'artiste anonyme qui nous a légué ce pur chef-d'œuvre qu'est la vénus d'ivoire, haute de 14 centimètres, découverte à Lespugue en Haute-Garonne ? Elle est la plus ancienne œuvre sculptée connue et la plus étonnamment moderne. Il aura fallu attendre vingt mille ans pour que les Pyrénées voient de nouveau naître un art aussi inventif. Ce fut à Céret, en 1909, le cubisme. Mais cette fois, les noms des créateurs ne se sont pas perdus. Ainsi, un certain Pablo Picasso… ■

Les Highlands

Highlands ! Hautes terres d'Écosse aux reliefs sauvages, rabotés par des glaciers depuis longtemps disparus et où se retrouvent aujourd'hui tous les vents glacés de l'Atlantique Nord. Un pays âpre, avec ses « onze mois d'hiver doux et un mois d'été froid », dur à vivre au quotidien pour les hommes qui s'accrochent aux terres pauvres de leurs montagnes splendides, vertes, veloutées, tranchées de quelques sombres forêts. Un pays de châteaux en ruine dressés sur des escarpements rocheux au-dessus de lochs mystérieux tout enrobés de brouillards que hantent de légendaires fantômes. Dans ces montagnes sublimes et désolées, qui bordent face au cercle arctique le nord des îles Britanniques, les traditions sont tenaces. Comme leurs rares habitants. Ceux qui ne sont pas partis. Ceux qui, au creux de vallons tourbeux, gardent jalousement le séculaire secret du *pure malt whiskey* dans des distilleries qui fonctionnent toujours. Comme ces éleveurs de moutons à longue laine, fiers bergers en kilt au tartan de leur clan qui, aujourd'hui comme hier, jouent de la cornemuse tandis que des danseuses au teint de lait criblé de son s'envolent en sauts acrobatiques. Avec pour toile de fond les longues pentes bien vertes aux crêtes roses des bruyères en fleur, loin au-dessus des tourbières semées de fleurs sauvages et des lochs à l'eau noire d'obsidienne qui, sous les voiles de brume, ne se distinguent souvent ni des terres ni du ciel.

Pages précédentes : trop froides pour être cultivées, les « hautes terres » d'Écosse sont consacrées à l'élevage des moutons et de quelques bovins, laissés libres dans la lande (à gauche). Ce cône d'aspect volcanique (Glencoe), qui fait exception dans le paysage écossais, résulte de la résistance du granit à l'érosion glaciaire (à droite).

Ci-contre : dans certaines vallées écartées subsistent des lambeaux de forêt naturelle, auxquels les Écossais sont très attachés. Les deux essences spontanées sont le bouleau et le pin sylvestre, qui n'ont guère de valeur marchande. Les montagnes nues, en revanche, trop froides pour permettre aux arbres de pousser, ont retrouvé récemment une valeur économique : on y plante des éoliennes, qui fournissent une énergie propre et renouvelable.

Les Highlands

par Roger Cans

Vertes, sauvages, les Highlands, où les paysages sont violents et les caractères humains bien trempés, se dressent face aux vagues rageuses de l'Atlantique Nord, à l'extrême pointe des îles Britanniques. Elles constituent, avec les Uplands et les Grampians, dont les séparent la vallée de la Spey et le loch Linnhe, les reliefs de la très ancienne chaîne dite calédonienne, d'où dérive le nom Écosse, *Caledonia* en latin. De fantastiques glaciers depuis longtemps disparus ont raboté ses pentes, tranché de profondes vallées, les *glens*, et dans d'insondables entailles ont coulé des lacs aux eaux brunies, noircies de tourbe, inquiétantes : les lochs. Les éclairages fantastiques de ses ciels, que malmènent les tempêtes d'hiver et voilent les brumes d'été, animent çà et là les silhouettes désolées de forteresses en ruine, ultimes témoins d'une histoire héroïque qui a fait de ces montagnes un symbole de fierté, de résistance, de courage. Une terre de légendes, mais une terre dépeuplée, où cependant quelque deux cent mille habitants, irréductibles et nouveaux venus, se battent pour préserver la nature, splendide, et rendre aux villages une vie possible.

VILLAGES DE HIGHLANDERS…

Laggan, un village du comté d'Inverness enclavé entre deux chaînes de montagnes, loin de la mer, dans le canton le plus froid d'Écosse. Un village comme tant d'autres. Fort de deux mille habitants il y a un siècle, il en comptait six cents en 1945 pour moins de deux cents aujourd'hui, qui vivent dans leurs maisons de moellons blotties autour de deux églises. Tandis que la cloche sonne à toute volée ce dimanche-là, d'une antique Rolls-Royce s'extrait un très vieux monsieur en kilt et hautes chaussettes de laine qui va prendre place dans le sanctuaire, seul, à son banc. Ses pairs ne sont plus là, mais la mort lente de Laggan s'est arrêtée il y a dix ans grâce à un couple d'étrangers au pays. Des Londoniens. L'homme a repris la menuiserie locale tandis que la femme a transformé une vieille ferme en auberge, avec atelier de poterie, où un poêle, même au mois d'août, tiédit la salle commune qui sent bon la résine de pin. Une initiative qui, en en entraînant d'autres, a rendu à Laggan sa vie. Si bien que le samedi après-midi, entre deux averses, l'équipe locale des filles rencontre celle de Kingussie, la « capitale » du secteur, en de mémorables parties de *shintie*. Ce sport, connu des seuls Highlanders, consiste à percer la ligne adverse avec une balle molle qui, passée de main en main, doit finir dans le but d'en face. Debout dans le froid, dansant d'un pied sur l'autre, tous les gens du pays encouragent leurs joueuses. La semaine suivante, les filles de Laggan rencontreront les filles de Dalwhinnie, la grande distillerie locale de whisky…

FORÊTS DE MÉLÈZES ET LANDES DE BRUYÈRES

Ici, on exploite le bois. Certes, l'antique forêt calédonienne a pratiquement disparu lors des abattages massifs opérés au cours des derniers siècles pour la construction des vaisseaux de la Royal Navy et des navires de la Compagnie des Indes. Certes, deux mille bûcherons canadiens sont venus couper ce qui restait de la forêt boréale pour soutenir l'effort de guerre des Alliés au cours de la Seconde Guerre mondiale. Mais le gouvernement de sa Gracieuse Majesté à Londres a donné l'ordre à la *Forestry Commission* de reboiser l'Écosse. Les forestiers anglais ont donc planté des épicéas, des mélèzes et des sapins Douglas, bien alignés dans les fonds de vallée et sur les pentes les mieux exposées. Ces plantations au cordeau, soigneusement clôturées pour éviter l'incursion des chèvres et des biches, sont, aujourd'hui, arrivées à maturité. Elle forment des carrés et des rectangles vert sombre qui tranchent sur le reste des montagnes, voué aux pâtures et à la lande. Au-dessus de la ligne des arbres dominent deux couleurs : le vert tendre, là où la bruyère a été brûlée pour faire paître les moutons ; le rose violacé, là où, naturellement, fleurit la bruyère. Les Highlanders conservent précieusement ces landes sauvages qui s'étendent à perte de vue, car là gîte la grouse, *Lagopus scoticus*, à l'aspect de perdrix rousse aux pattes couvertes de longs duvets blancs, passionnément chassée pour sa chair fine. Cet oiseau garde toute l'année la livrée sombre qui lui permet de se rendre invisible dans son environnement et, en cas d'alerte, ne s'envole qu'au dernier moment. Au printemps, dès qu'ils nidifient, le mâle et la femelle créent une famille monogame, unie et indépendante des autres, dans laquelle les poussins resteront jusqu'à l'automne, période à laquelle ils seront capables de trouver eux-mêmes les airelles et autres baies qui, avec vers, insectes et escargots, constituent leur pitance. Chasser la grouse est un véritable sport, dont les exploits s'arrêtent néanmoins à l'orée des réserves naturelles, celle de Creag Meagaidh par exemple.

DE TRÈS VIEUX BOULEAUX AUX SILHOUETTES CHENUES

Créée en 1985, la réserve naturelle de Creag Meagaidh s'étend sur près de 4 000 hectares d'anciennes pâtures et de friches dans le massif de Monadhliath, où elle couvre tous les étages de flore et de faune depuis le fond des vallées jusqu'à 1 128 mètres d'altitude, le point culminant de ces

***De gauche à droite* : fier de ses origines celtiques, l'Écossais cultive sa différence au sein du Royaume-Uni, avec un parlement et un gouvernement autonomes. Malgré une faible altitude, qui dépasse rarement 1 300 mètres, les Highlands offrent une végétation qu'on ne trouve, dans les Alpes, qu'en haute montagne. Trapus et résistants, les bœufs, de race locale, restent dehors même lors des hivers les plus rigoureux.**

montagnes. En quittant les bords de la Spey, que les saumons sauvages ne remontent pas jusque-là, on traverse des bosquets d'aulnes et de noisetiers où, parfois, surgit un chêne malingre et moussu. C'est le domaine du geai criard et de mammifères discrets, comme l'écureuil et le chevreuil, le renard et le blaireau. Dès le début de la pente, on chemine dans des prairies sillonnées de ruisselets et piquées de quelques arbres. Les bouleaux dominent ; les plus vieux, parfois, prennent des allures de chêne, tant par leur houppier en bouquet que par leur écorce crevassée et dépouillée par l'âge de sa fine pellicule blanche, ce qui leur vaut le nom de « bouleaux verruqueux ».

Ici, des lapins et des chèvres retournés à la vie sauvage pullulent en si grand nombre que les gardes se voient périodiquement contraints d'en éliminer pour permettre à la flore naturelle de s'épanouir. « Nous sommes même obligés de réguler le cheptel des cerfs, explique le conservateur de la réserve. Sinon, nous n'aurions plus un seul arbre ! »

SOLITAIRES ET SPLENDIDES GRANDS TÉTRAS

De fait, dans un vaste enclos ont été regroupées plusieurs hardes de cerfs, qui seront transférées dans des zones moins sensibles. Limiter le nombre de rongeurs et de « brouteurs », pourtant, ne suffit pas. Pour permettre à la forêt de se réinstaller, certaines parcelles en friche ont été encloses. On voit alors pointer, bien vertes au milieu de la bruyère, des pousses de bouleau ou de sorbier. Si elles échappent à la dent du lapin, de la chèvre, du chevreuil et du cerf, ces jeunes pousses donneront à nouveau une forêt naturelle qui, un jour, sera ouverte à leurs descendants, comme les restes de cette forêt dite primaire, dont on découvre quelque lambeau dans le creux d'un vallon escarpé. Le bouleau y domine toujours, avec l'érable sycomore, le pin sylvestre et l'épicéa. S'y cachent les rares spécimens de coq de bruyère ou grand tétras, *Tetrao urogallus*, appelé ici *capercaillie*. C'est un grand et gros oiseau d'un poids de plusieurs kilos qui, son nom le dit bien, apprécie particulièrement les landes de bruyères, mais aussi les forêts de pins, où il aime à se percher, restant pendant des jours sur le même arbre dont il dévore les pignes et, l'hiver, les aiguilles. Le mâle, plus imposant que la femelle, à livrée rousse, est paré d'un plumage gris cendré à reflets métalliques et d'une queue bleu nuit à taches blanches, qu'il étale comme le fait le paon. Polygame, solitaire, il laisse aux femelles fécondées le soin de nidifier et d'élever les petits, pour lesquels il n'affiche aucun intérêt. Avant de pouvoir digérer les aiguilles de pin, qui constitueront presque exclusivement leur régime hivernal, les jeunes oiseaux sont choyés par leur mère, qui dose progressivement leurs aliments, de plus en plus durs et coriaces pour préparer leur estomac. Très circonspect, le coq de bruyère reste souvent invisible. Nous n'en verrons que quelques traces, des petits boudins de fibres sèches, leurs déjections d'hiver.

AU ROYAUME DU RENARD BLEU

Au-delà de 1 000 mètres d'altitude, il n'y a plus un arbre, mais à l'infini des landes de bruyères où roulent les nuages bas et que survolent la buse, l'épervier et le grand corbeau. Avec un peu de chance et de bonnes jumelles, on repérera quelque faucon pèlerin, immobile, comme figé sur un rocher. Plus haut, vers le sommet de Creag Meagaidh, la bruyère elle-même cède le terrain à une sorte de toundra où flore et faune relèvent de la zone arctique. Le renard, plus petit ici qu'ailleurs, n'est plus roux mais d'un gris beige clair qui, sur la neige, semble bleu. C'est le renard arctique, seul capable de résister au blizzard et à l'enneigement épais qui, tout l'hiver, enveloppe le massif où, chassant la nuit comme ses congénères, il erre à la recherche de petits rongeurs, son ordinaire, agrémenté à la belle saison d'oiseaux, de baies et d'insectes. Du sommet de son royaume, par ciel dégagé, l'homme peut contempler deux lieux mythiques des Highlands : le Ben Nevis, au sud, dont les 1 349 mètres d'altitude en font le point culminant des îles Britanniques et, au nord, tout en bas, le loch Ness, dont les eaux noires brillent comme une lame d'acier. ■

Les Huangshan

De la pierre moussue dressée vers le ciel, de l'eau cascadant au gré du relief, des arbres antiques aux lignes contraintes, et tout cela livré aux caprices de l'air, des bruines, des brumes et des brouillards, qui en soulignent, d'un vide ou d'un trait de pinceau, telle ou telle partie comme le feraient peintres et calligraphes, ménageant la part de mystère, donc d'enchantement. Ainsi, les Huangshan, « montagnes jaunes », pourraient être une sorte de résumé du paysage chinois, de ce paysage immémorial, partiellement domestiqué et subtilement zoomorphe qui a inspiré pendant des siècles les jardins de Nanjing, de Suzhou ou de Pékin, et qui exprime au plus juste le rapport complexe qu'entretiennent les Chinois avec la nature. Une relation faite d'admiration et de sujétion, d'où la passion n'est jamais absente. Célèbres dans toute la Chine depuis plus de mille ans, les paysages des Huangshan — désormais inscrits par les Nations unies au patrimoine mondial de l'humanité et protégés comme tels — jouent leur rôle de toujours : offrir à l'âme chinoise son miroir. Un miroir d'une précision grandiose.

Plus d'un millier de pics hérissent le massif des monts Huang. Soixante-douze d'entre eux portent un nom spécifique, et ils sont une trentaine à dépasser les 1 500 mètres d'altitude. L'ensemble constitue, aux yeux des Chinois eux-mêmes, le parfait résumé d'un paysage enchanteur.

Pages précédentes : des pierres dressées vers le ciel, des arbres aux lignes tourmentées, tout cela tour à tour révélé ou caché par les phénomènes célestes (brumes, nuages, brouillard…), autrement dit un monde où se retrouvent, sous une forme visible ou invisible, les cinq éléments — terre, métal, eau, bois et feu — invariants éternels de la pensée chinoise et du jardin chinois, qui en est le reflet.

Pages suivantes : Véritable piège à nuages, les Huangshan, aux sommets déchiquetés, retiennent les nuées. Ces dernières forment alentour cet océan d'eau en suspension qui baigne tout le massif et lui vaut son exubérante et verte végétation. Au nord de ce château d'eau, dans la province de l'Anhui, passe le cours inférieur du Yangzi Jiang, le « grand fleuve », après avoir parcouru des milliers de kilomètres depuis les hauteurs tibétaines, où il prend sa source.

Les Huangshan

par Nicolas Finet

L'ARCHÉTYPE DU PAYSAGE CHINOIS

Imposant, le massif s'étend sur 1 200 kilomètres carrés, avec un total d'un millier de pics dont soixante-douze portent un nom spécifique. Une trentaine d'entre eux dépassent les 1 500 mètres d'altitude ; un point culmine parmi eux, le Lianhuafeng, « pic de la fleur de lotus », qui se dresse à 1 864 mètres. C'est à l'empereur Jaune, Huangdi, fondateur légendaire de la nation chinoise, que les Huangshan devraient leur nom. Engagé dans l'incessante recherche de la perfection, le monarque y aurait concocté la « pilule d'immortalité » chère aux taoïstes, si bien que plus tard, en l'an 747, l'un de ses successeurs de la dynastie des Tang aurait, pour lui rendre hommage, ainsi baptisé la montagne. Le souvenir de ce qu'il advint des pilules s'est perdu dans la nuit des temps, mais la couleur évocatrice, *huang*, « jaune », est restée…

L'esprit chinois, féru de numération, trouverait déjà son bonheur dans le simple énoncé des merveilles des Huangshan : soixante-douze sommets, trente-six sources, vingt-quatre torrents, douze grottes, huit falaises… C'est que les Huangshan ne sont pas des montagnes solitaires, mais un massif, un complexe conjuguant en son sein toutes les ressources que peut mobiliser la nature pour ravir l'âme chinoise.

« Qui a vu les cinq pics sacrés n'a nulle envie de connaître les autres cimes. Qui revient des Huangshan n'éprouve plus aucun plaisir à regarder les cinq pics. » Ce commentaire, attribué à un voyageur de l'époque Ming — entre le XIVe et le XVIIe siècle — et devenu dicton populaire, donne bien la mesure du rang symbolique exceptionnel qu'occupe ce massif dans l'imaginaire chinois. Plus encore que les « cinq célèbres montagnes » révérées par le confucianisme, c'est-à-dire les quatre points cardinaux et leur centre, les Huangshan représenteraient le stade suprême de l'état de montagne, l'archétype qui concentrerait toutes les vertus attendues d'un haut relief, tant dans sa topographie physique, visible dans ce monde-ci, que dans sa résonance par-delà les apparences du réel, dans l'« autre monde ».

Géographiquement, les monts Huang se dressent à quelque 500 kilomètres de la côte, à peu près à la latitude de Shanghai, dans le sud-est de l'Anhui, province chinoise de l'est du pays. Le cours inférieur du Yangzi Jiang, le « grand fleuve » venu des lointaines hauteurs tibétaines, s'écoule immédiatement au nord du massif, avant de dériver vers l'est jusqu'à Nankin, Shanghai et, enfin, la mer. Situé au nord de la zone subtropicale du pays, il jouit d'un climat relativement tiède, aux pluies d'été abondantes mais aux températures rafraîchies par l'altitude, qui oscillent entre 20 et 25 °C selon le niveau du relief. Elles peuvent descendre jusqu'aux environs de – 3 °C en hiver, où les neiges sont fréquentes.

En haut à gauche **: sur la roche s'inscrit un poème. Le caractère si particulier des paysages des « montagnes Jaunes » stimule l'inspiration des artistes et des poètes depuis des générations.** ***En haut à droite*** **: l'un des escaliers aménagés à flanc de montagne.** ***À côté*** **: un singe à courte queue, appartenant à la faune locale.**

Ce n'est pourtant ni pour les mensurations ni pour les racines mythiques du massif que sa célébrité, relayée par les témoignages vibrants d'innombrables artistes et lettrés, est établie depuis plus d'un millénaire dans l'Empire du Milieu, mais parce que les somptueux paysages, d'arbres aux silhouettes torturées en brumes suggestives qui enrobent les Huangshan, les cachent et les dévoilent au fil de subtils jeux de lumière environ deux cent cinquante-six jours par an, correspondant à l'idéal philosophique et esthétique chinois. Dans ce massif, le visiteur a d'emblée l'impression d'avoir toujours connu le décor pour en avoir vu mille fois les reliefs tourmentés surgissant d'une mer de nuages comme d'un outre-monde tout proche, la gracile silhouette d'un bouquet de pins ou d'un arbre solitaire dessinant un angle impossible à l'abrupt d'une paroi rocheuse, les languides écharpes de brume festonnant le flanc d'un précipice et les innombrables cascades, falaises, piliers, sources chaudes, forêts de bambous,

d'érables ou de camphriers, toute cette surabondance minérale et végétale dont on se persuaderait aisément qu'une main céleste en a secrètement dessiné les contours…

Les Chinois sont d'ailleurs eux-mêmes prompts à attribuer aux formes de la nature présentes dans le massif des Huangshan des correspondances mythiques ou zoomorphes, comme pour confirmer l'existence du dessein pressenti par un invisible architecte, le tao. Ainsi investis par l'imaginaire collectif, les Huangshan deviennent bestiaire extraordinaire, paysages extravagants, fenêtre ouverte sur un ailleurs plus qu'humain : voici le « Coq doré chantant vers la porte céleste », l'« Écureuil sautant le pic Tiandu », le « Singe contemplant la mer de nuages », les « Dix-Huit Arhats rendant grâce à la mer du Sud », les « Immortels jouant au jeu de go »…

UNE FORÊT DE MYSTÉRIEUX SYMBOLES

De la même manière, toute une langue évocatrice, très fortement imagée, s'efforce de rendre compte avec esprit de chaque détour du massif, du plus petit jeu de lumière, témoignant au passage de la passion qu'ont les Chinois tant pour les symboles que pour les sens cachés. On cheminera ainsi de l'« Escalier éthéré » au « dôme de Clarté » puis au « pic de la Capitale du ciel », en n'oubliant pas au passage d'honorer d'un profond salut le « Pin de la salutation du départ », la « Chute des neuf dragons », la « Source de pluie volante » ou encore le « lac du Dragon vert », doublant ainsi le parcours physique d'une promenade pleine de charme dans l'envoûtant dédale des mots…

Les lettrés, poètes, peintres et calligraphes ont été au cours des siècles parmi les plus actifs à perpétuer la fascination qu'exerce le massif. Au VIIIe siècle, le très célèbre poète chinois Li Bai lui a consacré de purs chefs-d'œuvre, comme plus tard ses homologues Jia Dao et Du Xunhe, de la période Tang, ou Xu Xiake, de la dynastie Ming. Quant aux références picturales, elles sont tout simplement légion, puisque les représentations des Huangshan figurent depuis toujours parmi les motifs de base de la peinture chinoise classique. Enfin, plus récemment, les photographes du monde entier se sont emparés du sujet pour en donner à leur tour des interprétations personnelles… éblouies.

ESCALADER LE CIEL

Il y a donc des centaines d'années que les lettrés de tout l'Empire du Milieu convergent, un jour ou l'autre, vers ce pôle magnétique majeur de leur tradition millénaire. Escalader le ciel pour goûter quelques instants d'éternité en contemplant la mer de nuages depuis le pavillon Yuping, depuis le belvédère Qingliang ou encore de la terrasse du Liandanfeng, le « pic de la préparation de la pilule d'immortalité », est un peu comme un pèlerinage aux sources que tout Chinois se doit de faire, ne serait-ce qu'une fois, dans sa vie.

Aujourd'hui relativement peu fréquentés par les voyageurs étrangers, qui leur préfèrent en général d'autres sites fameux de la Chine dite classique, les Huangshan demeurent en revanche massivement investis par les visiteurs chinois « de l'intérieur ». Compte tenu de cette affluence, le site a été partiellement aménagé. Des escaliers de pierre taillés au flanc des monts facilitent certaines ascensions, et d'harmonieuses aires de repos permettent aux visiteurs d'admirer la vue. De nombreux kiosques ponctuent la plupart des itinéraires et des sentiers sur les quelque 50 kilomètres de pistes entretenues, et des garde-fous sécurisent le passage des arêtes exposées. Depuis peu, trois téléphériques mènent sans effort vers les points de vue les plus recherchés. Pourtant, « domestiqués », les Huangshan ne le sont que très peu !

UN SANCTUAIRE NATUREL

Dans cette nature sauvage, la part de l'homme est infime. Avec une couverture végétale estimée à plus des quatre cinquièmes de sa superficie, dont plus de la moitié est couverte de forêts, le massif est un vaste jardin botanique naturel. Près de mille cinq cents espèces végétales y prospèrent, parmi lesquelles cinq cents environ sont des arbres, tels le pin, une espèce très particulière de chêne endémique de la région, le hêtre, le camphrier et le bambou, selon l'altitude. Les fleurs, au printemps, couvrent ses pentes à foison ! Buissons d'azalées ou de camélias et champs de lys forment un éblouissant manteau aux teintes délicates, tandis qu'à couvert s'épanouissent plusieurs espèces d'orchidées. Y croissent aussi de nombreuses plantes médicinales ou aromatiques, comme le ginseng et la cannelle. On recense aussi dans ce paradis végétal plus de cinq cent cinquante espèces animales : des chèvres sauvages, des daims, des ours, des civettes, mais aussi des singes et tout un peuple de rongeurs dont se nourrit la très rare panthère longibande des forêts asiatiques. Parmi les cent soixante-dix espèces d'oiseaux qui y nichent figure la grue cendrée, symbole de longévité.

Toutefois, dans une province à dominante agricole comme l'Anhui, les équilibres demeurent fragiles, et la perpétuation de l'actuel statut de réserve naturelle des Huangshan reste tributaire de la volonté politique des autorités locales et nationales. Le massif, qui bénéficie de mesures de protection officielles depuis 1935, est resté inhabité, à l'exception des gens qui travaillent à son entretien et de leurs familles, soit moins de deux mille personnes. Une réalité exceptionnelle au regard de l'énorme pression démographique alentour (pour une superficie correspondant à un cinquième du territoire français, la province au sein de laquelle se dresse le massif compte près de soixante-cinq millions d'habitants). Son inscription, en 1990, sur la liste du patrimoine mondial de l'humanité, au double titre de site naturel et de site culturel, est un présage heureux pour l'avenir de ces monts somptueux aux racines légendaires. ■

Montagnes de Feu

Hawaii

« **L**e premier coup d'œil vers le sommet de la montagne nous révéla un tableau d'une beauté sauvage [...]. S'il vous est arrivé de regarder, par une nuit noire, l'embrasement de trente ou quarante blocs d'immeubles brûlant tous ensemble dans les lointains, vous pouvez vous faire une idée de la scène qui nous était offerte. » Marc Twain décrit ainsi en 1866 sa vision du volcan Kilauea, dans l'archipel d'Hawaii. Si, à l'époque, arpenter les versants incendiés de cette montagne était une véritable expédition, bien des voyageurs aujourd'hui se déplacent des quatre coins du monde vers cet archipel tropical de l'océan Pacifique pour admirer le Kilauea, entré en éruption voici vingt ans et qui ne cesse de s'épandre, déchaînant les enfers. Des fleuves de lave en fusion dégorgent d'un évent logé près du cratère pour s'engouffrer dans des tunnels. Cette langue de feu resurgit, dans un bouillonnement de vapeur, au bord de l'océan Pacifique. Elle se redresse alors et laisse échapper un filet de magma sur l'étendue noire d'un rivage battu par l'océan en furie. Là s'opère une alchimie fondatrice entre les quatre éléments cités au ve siècle avant notre ère par le mage et savant grec Empédocle d'Agrigente, à savoir le feu, l'eau, l'air et la terre. Hawaii, ou le dernier acte de la genèse...

Pages précédentes : l'archipel hawaiien regroupe cinq îles basaltiques, apparues au fil du temps après qu'un cône volcanique eut émergé de l'océan Pacifique. Hawaii (à gauche) est la plus récente, avec ses cinq volcans actifs, dont le Mauna Kea (4 205 mètres) et le Mauna Loa (4 169 mètres), les plus grands édifices géologiques de la planète. Leur socle s'imbrique dans le plancher océanique, à 6 000 mètres de fond, et leurs éruptions, non explosives, s'expriment par de colossales coulées de laves. Kauai (à droite) est la plus ancienne île de l'archipel.

Pages suivantes : point culminant de l'île de Kauai, le mont Kauaikini, qui se dresse à 1 598 mètres, offre des pentes érodées et noyées par la végétation tropicale.

En surplomb de la côte Na Pali, sur l'île de Kauai, se dressent les contreforts cyclopéens d'un volcan éteint. Baptisée l'« île jardin », Kauai détient le record mondial de pluviosité. La fertilité des sols aidant est apparue une jungle exubérante qui servit de décor lors du tournage du film *Jurassic Park*.

Hawaii

par Gilles Dusouchet

L'île d'Hawaii, la « grande île », est assise sur un volcan. Sur cinq volcans, même, puisque son territoire repose sur cinq volcans-boucliers, parmi lesquels le Mauna Kea, qui s'élève à 4 205 mètres d'altitude et constitue le point culminant de l'archipel, et le Mauna Loa, qui atteint 4 169 mètres. Ce sont les plus colossaux édifices géologiques de la planète, car ils s'ancrent dans le plancher océanique à près de 6 000 mètres de fond.
Les volcans avoisinants, le Hualalai, le Kohala et surtout le Kilauea, de moindre altitude, n'en sont pas moins monstrueux. Particulièrement le Kilauea, l'« endroit où poussent les feuilles de l'arbre Ki ». Ce volcan rouge, qui ne dépasse pas 1 248 mètres et flanque les contreforts du Mauna Loa, est l'un des plus actifs et des plus surveillés du globe. Situé au sud-est de l'île d'Hawaii, il ne cesse de vomir une lave aussi flamboyante et fluide que le sang jailli d'une artère déchirée. Cette montagne ardente, apparue voici deux cent mille ans, avait fasciné l'écrivain Marc Twain quand ce dernier était venu explorer le royaume d'Hawaii, tardivement découvert par James Cook en 1778 et annexé un siècle plus tard par les États-Unis, pour lesquels l'archipel (et donc ses huit îles principales) constitue un État.
Le Kilauea suscite aujourd'hui la perplexité des scientifiques de l'observatoire volcanologique créé en 1912, le problème n'étant plus de savoir quand interviendra la prochaine éruption mais quand celle-ci s'achèvera ! Depuis 1983 en effet, l'émission continue de lave basaltique, très noire, crevée de bulles de gaz et qui nappe le paysage alentour de coulées lisses, dites ici *pahoehoe*, a déjà recouvert 104 kilomètres carrés pour un volume estimé à 2 kilomètres cubes.

L'ÉTERNELLE FUREUR DE PÉLÉ, DÉESSE DES VOLCANS

Intarissable fontaine de matière en fusion, le Kilauea campe à la verticale de ce que les spécialistes appellent un point chaud. Ce phénomène, selon une théorie élaborée en 1971 (après un séjour à Hawaii) par Tuzo Wilson, l'un des « découvreurs » de la tectonique des plaques, désigne un étonnant mécanisme. Les volcans de points chauds émergent à l'écart des rides océaniques sous l'action d'une remontée de magma profond. Ce panache thermique perce la croûte terrestre tel un chalumeau. L'ensemble fonctionne, à l'échelle des temps géologiques, comme un poste de chaîne automatisé. La mince plaque océanique défile au-dessus de la source de magma fixe, qui la troue à intervalles plus ou moins réguliers, d'où ces alignements de cônes sous-marins et d'îles-volcans qui signalent la dérive de la plaque pacifique vers le nord-ouest.
Les atolls polynésiens offrent le vestige de ces anciens monuments éruptifs, aujourd'hui effondrés. La chaîne basaltique des îles Hawaii, archipel long de 3 600 kilomètres, comporte une succession de cent volcans, appelés à s'éteindre au fur et à mesure de leur éloignement du point chaud. Le Kilauea doit mourir. Un volcan plus jeune, le Loihi, se développe d'ailleurs sur ses flancs sous-marins, à 27 kilomètres au sud-est de l'île d'Hawaii ; son sommet pointe déjà à 969 mètres sous le niveau de la mer.
Cette lente, si lente et pourtant si violente, chorégraphie réglée par les lois de la tectonique et du volcanisme trouve un écho dans le mythe hawaiien de la déesse Pélé. Les habitants de la « grande île » ont coutume de se rendre en cortège sur les lèvres du cratère du Kilauea pour y pratiquer des rites d'offrande à la divinité infernale, mais on ne calme pas aisément les colères de la créature ignée, jadis bannie de Tahiti par sa sœur, Na-maka-o-Kaha'i, la déesse des Eaux.
Cette dernière poursuivit Pélé d'une fureur inextinguible, noyant un cratère où elle s'était réfugiée pour la contraindre à fuir toujours plus loin, en direction du sud-est, avant de la faire mourir à Maui. L'esprit de la malheureuse s'éleva et fit naître alors la déesse chthonienne dont Mauna Loa, la « longue montagne », devint la pierre sacrificielle. Le siège d'un éternel ressentiment. Dans son exil de cendres, Pélé avait écrit l'histoire secrète, souterraine, de l'arc volcanique hawaiien, car le trajet linéaire suivi par la malheureuse correspond précisément à celui de l'évolution géologique de cette région du Pacifique.

STUPÉFIANTE FORÊT DES ARBRES DE LAVE

Les dizaines de milliers de curieux qui se pressent sur les sentiers balisés par les *rangers* du parc national des volcans d'Hawaii pour admirer les deltas sinueux de lave portée à 1 100 °C n'ont d'yeux que pour la beauté d'une nature portée à incandescence. Mais le brasier qui sourd des entrailles de la terre, l'enveloppement visqueux des roches dissoutes et la formidable — au sens étymologique du mot —, la terrifiante puissance du volcan basaltique dépassent la mesure humaine. Le paysage alentour, relief et végétaux, ne s'en trouve pas seulement bouleversé mais comme sidéré. Qui a marché parmi les « arbres de lave » comprendra ce sentiment. Ces monolithes de forme conique, qui peuvent atteindre 3 mètres de haut, gainent des troncs d'arbre carbonisés. Un flot de lave les a figés dans leur énigmatique prière. Ailleurs, des lichens ont colonisé le basalte solidifié, mouchetant en surface ces éboulements grumeleux ou plissés et leur donnant l'aspect d'une peau de salamandre. Partout, l'œil rencontre la sauvagerie et la délicatesse d'invention d'un monde dont l'homme ne serait pas le projet.
Des parois de 160 mètres de haut renferment la caldeira du Kilauea, cratère aux dimensions inhabituelles, de 4,5 kilomètres de long sur 2,5 kilomètres de large. De ses crêtes, parcourues par une route goudronnée, la *Crater Rim Drive*, on peut distinguer une autre dépression circulaire, le Halemaumau. Ce dernier a jadis été rempli par un lac de lave dont la pro-

Ci-dessus : sur l'île Kauai, Waimea Canyon, avec ses parois de 835 mètres de hauteur, est le défilé le plus spectaculaire de cette région du monde. _À droite_ : sur Hawaii, les fontaines de lave peuvent atteindre plusieurs centaines de mètres de haut. Cette matière en fusion, qui atteint 1 100 °C, a la fluidité de l'huile. _Ci-contre_ : en contrebas du Pu'U'Oo, cratère actif de l'île d'Hawaii, les coulées de lave, après avoir parcouru un tunnel, resurgissent au bord de l'océan et s'y répandent dans un panache de vapeur.

fondeur atteignait 390 mètres… C'est ici, dans ce gouffre mémorable, que la déesse Pélé nourrit sa rancœur. Si on la représente souvent échevelée, c'est à cause des fils d'une grande finesse, semblables à des cheveux, qu'on trouve près des fontaines de lave, et qui sont en fait des filaments de lave étirés par le vent.

INCANDESCENTS CRATÈRES SOUS LES ÉTOILES…

De la route, on peut également observer l'une des attractions de l'île, le Thruston Lava Tube, tunnel ou « tube » de lave. Les plus spectaculaires de ces tunnels se rencontrent sur le rift oriental du Kilauea, où se sont formés de nombreux cratères en phase éruptive. Les intrusions de magma produisent en effet une croissance latérale des volcans. À une époque récente, des fontaines de lave atteignant plusieurs centaines de mètres de hauteur jaillissaient du cratère du Pu'U'Oo, véritables remparts de feu tellurique qui barraient parfois l'horizon des jours et des nuits durant. Les nuits, surtout. Car les volcans ont à faire avec la splendeur des ténèbres et l'immensité de la voûte étoilée. Ils en sont le miroir inférieur. La bouche minérale d'où sort l'oracle le plus noir et le récit à jamais disloqué des origines. Les volcans d'Hawaii reconstituent, par leur aveugle et leur irrépressible logomachie, la vision du chaos originel. Et la nuit succombe à leur éclat.

Le Pu'U'Oo, qui s'est manifesté depuis juillet 1986, déverse à chacun de ses emballements d'énormes quantités de laves. Pour s'y rendre, il faut franchir le Napau Trail, une étendue désertique, démunie de points d'eau. Sur les pentes du cône volcanique, le sol rocheux, acéré, cède comme une gaufre sous le pied. Du basalte en fusion court par en dessous. La lave, d'un blanc étincelant parfois irisé de jaune, se perd rapidement sous la croûte superficielle et parcourt ce tube sur des dizaines de kilomètres avant de resurgir en contrebas, au bord du Pacifique, sur la plate-forme de coulées gagnée sur la mer. Les vagues y déferlent comme si elles avaient à reconquérir leurs marches insulaires. Devant cet assaut, le dragon se cabre. Une plaque s'exhausse et laisse sourdre le magma. Un filament de *pahoehoe*, luciole inconsciente du parcours, se distend et s'étale aussitôt pour cheminer sur la courte frange littorale, abrupte et couleur d'ébène. Il arrive que le fil casse avant de reprendre sa course, de se ramifier à d'autres et de tisser sur la berge de flamboyants et fragiles remblais que la mer semble ignorer pour mieux les emporter soudain, dans des tourbillons de vapeur, vers les abysses. De brusques explosions scandent de temps à autre ce ballet de l'eau et du feu, dont il vaut mieux ne pas approcher. Les laves qui viennent tapisser les fonds marins ont une morphologie singulière, en forme de coussins, d'où leur nom de pillow-lavas, doux édredons où vient s'endormir la rumeur des enfers…

CES GÉANTS DE FEU QUI TUENT ET FÉCONDENT

Les volcans-boucliers de l'archipel hawaiien, perdus dans l'immensité de l'océan Pacifique, ressemblent à des géants solitaires et, finalement, débonnaires, en dépit de leur apparence et de la puissance qui émane d'eux. Volcans dits « effusifs », amples, quasiment symphoniques dans leurs éruptions, prévisibles dans leurs débordements, ils n'ont pas la brutalité des volcans explosifs du type du Stromboli, avec leurs projections de cendres, de bombes ou de pierres et leur panache brûlant, qui peut s'élever jusqu'à 40 kilomètres d'altitude et provoquer un désastre écologique. À l'image des strato-volcans de la cordillère andine, ils n'ont jamais déclenché de lahars, ces flux torrentiels et meurtriers de boues qui submergent tout sur leur passage (l'éruption du Nevado del Ruiz, en Colombie, causa ainsi la mort de vingt-cinq mille personnes le 11 septembre 1985). Hawaii n'a pas eu à déplorer, dans les temps modernes, semblables désastres, même s'il est arrivé que des guerriers, voulant surprendre l'ennemi au cours de conflits tribaux, s'aventurent près d'un champ de lave et le payent de leur vie. Mais ces hommes avaient pénétré un sanctuaire, transgressé un tabou et, sans doute, oublié toute prudence dans leur rage d'en découdre.

Le Mauna Loa, dans sa majesté, n'en représente pas moins toute l'ambivalence du phénomène volcanique, à la fois source d'effroi et pourvoyeur de richesses, car les sols volcaniques comptent parmi les plus fertiles de la planète. Et le climat tropical d'Hawaii, réputé offrir l'environnement le plus favorable à l'existence humaine, se prête mal à des visions dantesques. Il est là-bas des montagnes ardentes qui, tour à tour, fécondent les eaux et excitent leur jalousie. Des montagnes d'exaspération et de pitié dont les larmes de feu attisent le chagrin d'une déesse à jamais chassée du paradis. ■

Les monts de Nouvelle-Zélande

Des cratères aux neiges éternelles, des falaises de laves incandescentes, des lacs vert-de-gris dont les eaux bouillonnantes mordent la glace des berges dans des exhalaisons de soufre. Et puis, très loin au sud, des fjords façonnés par d'antédiluviens glaciers dans les reliefs abandonnés de vieux volcans oubliés… Ces terres-là, le légendaire Kupe des Maoris les appelait *Tiritri o te Moana*, « don de l'océan », parce qu'après des semaines de navigation sa grande *waka*, pirogue de haute mer, y avait accosté. Sa femme les avait baptisées *Aoteraroa*, « terre du long nuage blanc », du fait des nuées étirées que les volcans portent en écharpe. Aujourd'hui, ses habitants d'origine européenne, les *Pakeha*, la surnomment affectueusement Godzone, abréviation de *God's Own Country*, « le pays de Dieu ». Autant dire le paradis. Éden austral, la Nouvelle-Zélande offre un double visage : né dans une fureur d'éruptions, de tremblements de terre et de raz-de-marée, l'archipel est constitué de deux îles majeures d'une extraordinaire beauté, dont l'une est de feu, et l'autre de glace. Le feu a engendré la majesté volcanique de *Te Ika a Mauri,* l'île du Nord. La glace a buriné les sommets de *Te Wai Pounamu,* l'île du Sud, forant des lacs profonds, creusant des fjords spectaculaires. On ne peut parler de l'une sans évoquer l'autre. Sur toutes deux, vierges de tout contact humain pendant quatre-vingts millions d'années, croissent des arbres géants, descendants des forêts primaires disparues, et vivent des oiseaux extraordinaires, uniques sur la planète.

Pages précédentes : le plateau central de l'île du Nord repose sur du magma en fusion. Le Ruapehu, dans le parc national du Tongariro, est le plus haut sommet d'un ensemble volcanique situé entre le mont Cook et l'île White. Son sommet a deux cratères, dont l'un est actif. L'andésite, la lave grise qui le recouvre, est vomie depuis cinq cent mille ans. Les lahars, agglomérats de cailloux, de cendre fine et de sable glaciaire, s'épandent sur les pentes raides du volcan.

Ci-dessous : le Ruapehu abrite dans son cratère un lac de 17 hectares d'une eau couleur émeraude, cuvette sulfureuse, cœur de l'activité volcanique, dont la température varie selon les cycles du géant. En 1926, sa surface était gelée ; en 1968, elle atteignait 60 °C.

Haroun Tazieff

Baroudeur des volcans

Ingénieur agronome et géologue, Haroun Tazieff, né à Varsovie en 1914, alors que la ville était encore russe, a trente-quatre ans lorsqu'il s'embarque pour le Congo belge, où il travaille pour une entreprise minière. C'est là, en 1948, que le géologue rencontre son chemin de Damas. À l'occasion d'une éruption volcanique dans le Kivu, il découvre que la terre respire, qu'elle est vivante et qu'elle est même dotée d'une puissance « colossale », selon son expression favorite. Il descend alors, seul, dans le cratère du Niragongo, où, émerveillé, il découvre un lac de lave en fusion. Vision dantesque qui décida de sa vocation : explorateur des volcans.

Dès lors, il parcourt le monde à la recherche des cratères en activité. Sicile, Japon, Indonésie, Islande, Açores, cordillère des Andes, Alaska, Éthiopie : il visite toutes les bouches à feu du globe. En 1959, il est invité à visiter les volcans de Nouvelle-Zélande et leur immense système géothermique. Impressionnés par ses connaissances et par ses capacités physiques d'alpiniste, les Néo-Zélandais l'invitent à participer en 1978 à une expédition internationale sur l'Erebus, volcan de l'Antarctique qui, comme le Niragongo, recèle un lac de lave.

Tazieff mènera quatre expéditions sur l'Erebus au départ de la base néo-zélandaise de Scott afin d'y étudier son cher lac en ébullition. Depuis la disparition des lacs de lave d'Hawaii et du Niragongo, l'Erebus et l'Erta'Alé, en Éthiopie, également découvert par le célèbre volcanologue, sont les seuls volcans à « chaudron liquide » de la planète.

Roger Cans

Dans le parc national du Tongariro, situé sur la rive sud du lac Taupo qu'enserre l'un des plus grands cratères de la planète, se dressent les trois volcans géants de l'île du Nord : le Tongariro, en sommeil (vu ici depuis les environs de Turangi), le Ngauruhoe, qui s'exprime encore parfois, et le Ruapehu. Ce parc national est le premier de Nouvelle-Zélande et l'un des premiers du monde.

Les monts de Nouvelle-Zélande

À 2 000 kilomètres à l'est de l'Australie, sa plus proche voisine, à environ 8 000 kilomètres à l'ouest de l'Amérique du Sud et aussi loin de l'Antarctique que des îles du Pacifique Sud, la Nouvelle-Zélande s'étend sur un océan de solitude. Bien avant que les Anglais n'y fondent leur ultime colonie, en 1839, les Maoris, Polynésiens nomades, s'étaient établis sur cet archipel vierge et luxuriant formant un arc montagneux de 1 500 kilomètres sur une surface de 269 000 kilomètres carrés, plus vaste que la Grande-Bretagne. Pendant plus de dix siècles, les tribus premières ont méticuleusement répertorié cette géographie insulaire. Côtes, forêts, lacs, îles, volcans, glaciers, vallées et fleuves ont inspiré la langue maorie par leurs formes, leurs couleurs, leurs situations, leurs particularités, leurs places dans l'histoire. Les légendes nées des éruptions de l'île du Nord, l'« île Fumante », se sont écrites dans le bush, qui ceinture d'énormes volcans. Sur l'île la plus australe, dite « île de Jade », la glace a sculpté les formes audacieuses des « Alpes du Sud », cousines du Cervin suisse. Aux antipodes de l'Europe, les montagnes néo-zélandaises sont les plus spectaculaires de l'Australasie. Parmi elles, les impétueux volcans de l'île du Nord offrent des paysages d'une autre planète où des berges enneigées enserrent de rougeoyants lacs de laves en fusion.

SUR LA CEINTURE DE FEU

Quasiment juvénile à l'échelle de notre planète, la Nouvelle-Zélande se tient sur la frange d'une des régions géologiques les plus turbulentes du monde. Après qu'elle se fut détachée du Gondwana, le super-continent austral qui unissait, il y a cent cinquante millions d'années, l'Amérique du Sud, l'Afrique, l'Antarctique, l'Inde et l'Australie, les collisions et les glissements des plaques pacifique et indo-australienne ont, il y a vingt-six millions d'années, ouvert ses volcans et hissé ses montagnes. Si l'île du Nord, hérissée de volcans géants, la première habitée et la plus peuplée de ce pays de trois millions huit cent mille habitants, fait autorité, sa sœur du sud, belle et sauvage, fait figure d'indomptée. Elles sont séparées par un détroit d'à peine 20 kilomètres, le détroit de Cook, aux eaux tumultueuses, poissonneuses et glacées.

UNE CHAÎNE DE QUARANTE-HUIT VOLCANS GÉANTS

Avec ses lits de lave et ses vastes caldeiras, ses lacs et ses rivières rapides, ses sources chaudes, ses fumerolles et ses geysers, le plateau central de l'île du Nord marque l'extrémité d'une chaîne de feu qui traverse le Pacifique sur 1 600 kilomètres depuis les îles Tonga. La région d'Auckland, la capitale néo-zélandaise, compte quarante-huit volcans ! Une douzaine de sommets ponctuent des paysages amples, étranges et harmonieux. Dans le parc national du Tongariro, l'un des premiers parcs nationaux du monde, créé en 1894 à l'instigation d'un chef maori qui l'offrit à la Couronne britannique pour épargner aux terres sacrées de son peuple le déshonneur d'être cultivées, des géants aux flancs abrupts, couverts de forêts à leur base et aux cratères englacés, forment un célèbre trio de volcans : le Ruapehu, le plus élevé de l'île du Nord avec ses 2 797 mètres, le Ngauruhoe, qui atteint 2 290 mètres d'altitude et d'où s'exhale en permanence un filet de fumée, parfois des pluies de cendre, et le Tongariro, haut de 1 948 mètres et dont les nombreux petits cratères s'éveillent de temps à autre pour expulser vapeurs et gaz.

Voisin du lac Taupo, véritable mer intérieure de 40 kilomètres de long sur 30 kilomètres de large créée par l'une des plus violentes éruptions volcaniques de l'histoire de notre planète, le géant Ruapehu offre un aspect lunaire dû aux lahars, coulées de boues, de laves et d'eaux météoriques mêlées à de la neige et à de la glace fondues. Ses pentes, autrefois sacrées, offrent aux skieurs d'aujourd'hui des descentes appréciées durant l'hiver austral ; elles provoquent aussi parfois de terribles cataclysmes, comme la vague de débris qui, le 24 décembre 1953, déferla du sommet et emporta un train, entraînant dans la mort cent cinquante voyageurs.

DES LACS D'EAUX BOUILLANTES AUX COULEURS INFERNALES

Pour les anciens Maoris, le bush était le territoire où siégeaient Tawhiri, Whatitiri et Rongo, les dieux du Vent, de la Pluie et de l'Agriculture, ainsi que Tane, divinité de la Beauté, ancêtre du premier homme, protectrice de la Nature, et Tu, dieu de la Guerre. Les chefs des grandes tribus étaient enterrés sur les régions *tapu* (interdites) des volcans, si bien que, durant la seconde moitié du XIXe siècle, les premiers alpinistes du Ruapehu gardèrent secrète leur ascension. La mythologie maorie conçoit les volcans comme mâles et femelles, et leur prête une vie divine, tumultueuse, à l'instar des anciens Grecs qui peuplaient l'Olympe de dieux aux passions absolues, dévastatrices. Ici, selon la tradition, le demi-dieu Ngatoro naviguait sur le grand lac Taupo, quand une éclaircie lui révéla une belle montagne, le Tongariro. Il décida de l'escalader et demanda à ses compagnons de jeûner jusqu'à son retour, sacrifice propitiatoire, puis il s'éloigna avec Auruhoe, sa jeune esclave. Ses compagnons ne jeûnant pas, les dieux de la montagne, courroucés, envoyèrent le blizzard sur Ngatoro, qui implora les divinités d'Hawaiki, pays des origines mythiques maories, de les réchauffer. Le feu souterrain arriva trop tard. Seul Ngatoro fut sauvé. Il jeta le corps gelé d'Auruhoe dans un cratère, qui porte son nom. Depuis, les nombreux lacs autour de la ville de Rotorua et le Waimangu, site d'une

par Jean-François Chaix

Le parc national du Tongariro date de 1894. Il comptait 2 630 hectares à l'origine, et en totalise 75 259 aujourd'hui. À Rotorua et à Whakarewarewa, les lacs volcaniques, les geysers, les sources minérales, les mares et les boues chaudes constituent un gigantesque complexe géothermique exploité.

éruption cataclysmique en 1886, expriment pour beaucoup la puissance des divines passions maories. C'est d'ailleurs dans cette région centrale du grand plateau volcanique de l'île que se sont établis les Maoris, à Rotorua surtout, où ils exploitent depuis des siècles les extraordinaires ressources thermales issues du volcanisme. Les plus spectaculaires restent la réserve thermale de Whakarewarewa, qui, outre les *polynesian pools* (bassins polynésiens aux eaux soufrées), offre des paysages fantastiques où des mares de boues en ébullition vomissent geysers et jets de vapeur, et la vallée des thermes de Wainagu, où des lacs d'eaux bouillantes aux couleurs infernales s'étendent dans des paysages incandescents. C'est à l'explosion du proche volcan Tarawera, en 1886, que l'île doit cette infernale merveille... en échange d'un féerique escalier de cristal rose, translucide, dont les terrasses échelonnées jusqu'au lac attiraient les voyageurs, et que le Tarawera pulvérisa intégralement.

Excentré par rapport aux autres volcans, le Taranaki, appelé aussi « Egmont », domine de ses 2 518 mètres la pointe ultime de la côte ouest sur la mer de Tasmanie. Le nom originel de ce volcan parfait, que les Néo-Zélandais comparent au mont Fuji, le volcan sacré du Japon, est celui de la tribu maorie qui habitait cette région. Ce fut le capitaine Cook qui le baptisa Egmont, en hommage à l'amiral anglais du moment. Le bilinguisme néo-zélandais lui vaut aujourd'hui les deux appellations.

DE VIEILLES LAVES, RONGÉES PAR LES GLACES...

Le navigateur hollandais Abel Tasman atteignit en 1642 « une grande terre élevée » couverte de neige et dentelée de sommets. C'était la côte ouest de l'île du Sud, l'une des plus humides du monde avec 7 mètres de pluie par an. Nul ne s'attendait à voir des montagnes aussi hautes surgir de cette mer subtropicale, à laquelle Tasman s'empressa de donner son nom. L'île, voici des millions d'années, faisait à l'évidence partie d'un complexe volcanique dont il ne reste, au sud-ouest, que des amas de laves dites « primaires », laves que de gigantesques glaciers ont dévorées, façonnant l'actuelle dentelle de fjords, avant de fondre, en majeure partie du moins. De ces époques lointaines ne restent sur la côte est que les deux cratères effondrés de la péninsule de Banks, devenus ports maritimes... Les autres sommets de cette île du Sud ne sont pas des volcans.

On ne peut cependant les ignorer, car ils comptent parmi les plus spectaculaires de la planète. Il s'agit par exemple de l'Aoraki, « briseur de nuages », rebaptisé mont Cook, dont le géologue Julius von Haast, alors qu'il explorait le réseau glaciaire environnant, écrivit au XIXe siècle qu'il « dominait les autres, comme une tour solitaire dans le ciel. Aussi loin que portait le regard, la neige, la glace et la roche nous entouraient en quantités telles que je me croyais dans des régions montagneuses arctiques ou antarctiques. »

SIR EDMOND HILLARY S'Y ENTRAÎNA POUR AFFRONTER L'EVEREST

Le mont Cook est l'un des dix-neuf sommets dépassant 3 000 mètres d'altitude de ces « Alpes du Sud », épine dorsale de 400 kilomètres de long abritant sept parcs nationaux. Sur la façade occidentale, les monts se hissent brutalement à 15 kilomètres de la côte, surgissant parfois directement de la mer, et sont couverts de neiges et de glaces éternelles à partir de 2 000 mètres. Des rivières tumultueuses, bordées de bosquets luxuriants où nichent des oiseaux de paradis, naissent des glaces et des intempéries. Leurs eaux comptent parmi les plus pures du monde. Devenues cascades, ou *ko te tau-tin-ka tu*, « fil blanc fixé à la falaise », elles abreuvent entre autres fougères, hêtres et orchidées, ainsi que l'immense royaume des fleurs qui s'étend entre la ligne des forêts et la lisière des neiges, sur quelque 1 000 mètres de dénivelé ! Parmi ces fleurs, 93 % n'existent qu'en Nouvelle-Zélande. Voilà ce que découvrirent, émerveillés, les alpinistes du XIXe siècle, guidés par les femmes maories qui savaient le nom de chacun des lieux sans y être jamais allées, parce qu'ils étaient nommés dans leur tradition. Celle des alpinistes, au XXIe siècle, honore le mont Cook, rendu célèbre par sir Edmond Hillary qui, après s'être entraîné sur les glaces de ses pentes difficiles, vainquit l'Everest en 1953. Les alpinistes escaladent aussi son rival du sud-ouest sur le chemin des blizzards, le mont Aspiring, le *Tititea* des Maoris, « celui qui brille », ultime sentinelle du monde habité avant les falaises escarpées du Fiordland, laves déchiquetées par les glaces et battues par les quarantièmes rugissants. ■

La Réunion

Un amas de volcans qui n'a pas fini de grandir. Pierre brutale dont chaque facette renvoie mille nuances de vert et que souligne ponctuellement, chaque année, un fleuve de lave carmin s'écoulant du bien nommé piton de la Fournaise. Voilà la Réunion. Une île volcanique jaillie de l'océan Indien à l'est de Madagascar, en plein tropique du Capricorne. Jeune, désordonnée, remuante, elle gagne sans cesse sur la mer. Pas encore brossés par l'érosion, ses reliefs s'emmêlent, entamés par les rivières qui ont creusé les méandres de leur chemin vers le rivage. Dans les failles, ainsi muées en ravines tranchées de gouffres, l'eau s'effondre en cascades, abreuvant une végétation grassement nourrie par le riche sol de basalte dégradé. Sous le généreux soleil tropical s'y développe une extraordinaire diversité de paysages et de milieux, dont certains se parent chaque année d'incandescentes rivières, fabuleuses hémorragies de feu s'abolissant sur le rivage dans une apocalypse de vapeur. Un spectacle éblouissant que mijotent les entrailles de cette montagne sauvage, enracinée à 6 000 mètres de fond dans la nuit des abysses.

Pages précédentes : l'île de la Réunion brûle toujours. Elle vit. Elle se construit sous les yeux des hommes qui l'habitent. Par elle s'échappe le magma, qui emprunte une cheminée immuable. Son cratère occupe la place où se trouvaient ceux de l'île Maurice, voici quelques millions d'années. Un jour, elle ressemblera à cette voisine aux feux éteints.

Pages suivantes : vue aérienne du piton de la Fournaise, aux flancs bruns, brûlés par les matières en fusion qui s'écoulent en longs rubans incandescents à chacune des éruptions. Ces dernières surviennent une ou deux fois par an, libérant des rivières de lave « rouge », c'est-à-dire liquide. Fluide, elle ruisselle sans difficulté le long des pentes, comme le trop-plein d'un récipient en ébullition, si bien que la menace de voir le cratère obstrué par des laves pâteuses qui le feraient exploser n'existe pas ici. Et puisqu'ils n'ont pas à le craindre, les Réunionnais aiment leur volcan, dont ils célèbrent chaque manifestation.

Ce cratère rougeâtre ressemble aux pièges creusés par les fourmilions, insectes dont seules les mandibules sortent du trou, aussi est-il baptisé de leur nom scientifique : Formica Leo. C'est un vestige de la grande éruption de 1753. La lave, dont les composantes sont friables, a fini par se déliter pour former, avec le temps, un tas de poussière.

La Réunion

Une montagne en train de se faire, telle est la Réunion. À 700 kilomètres à l'est de Madagascar, les reliefs enchevêtrés — à peine sortis de l'océan Indien —, de cette île de 2 512 kilomètres carrés, pris d'assaut par une végétation tropicale, vorace, somptueuse, exubérante, n'ont encore que fort peu subi le rabot de l'érosion qui a déjà bien poli l'île Maurice toute proche. À l'eau qui dévale en cascades dans de vertigineux abîmes au fond tapissé de tamarins et d'acacias, où nichent une foule d'oiseaux, répond périodiquement le feu des laves qui déroulent vers le rivage leurs serpents rougeoyants. « Le volcan l'a encor' coulé ! » comme on dit ici. À 23 h 05, le 30 novembre 2002, sa langue en fusion a traversé la nationale 2 sous l'ovation d'une foule passionnée. Six heures plus tard, elle se mêlait aux vagues dans des nuées de vapeur. Pour la deuxième fois de l'année, le piton de la Fournaise s'était « exprimé ». Comme les années d'avant, mais moins bien cependant qu'en 1986, où la roche visqueuse que le volcan était parvenu à vomir avait augmenté l'île d'un doigt de basalte de 28 hectares... vite colonisés par une végétation cannibale. L'observatoire volcanologique de Saint-Pierre donna à cette superbe éruption le nom de Guan Yin, « vénérée déesse chinoise de la compassion », et ordre fut intimé, par sécurité, d'attendre plusieurs mois pour aller en admirer le résultat. Même de loin, lorsque enfin ce fut possible, le spectacle offert était celui, émouvant, d'une terre embryonnaire ! La lave était là, fluide, rapide, inexorable hémorragie de feu. Elle était là et ailleurs, partout, invisible sous les pieds. On la sentait vibrer comme le pouls d'un enfant lorsqu'on pose la main sur la fontanelle. La cime du volcan, elle aussi, palpitait. Juste un peu plus que d'habitude...

D'EXUBÉRANTS VOLCANS QUI CHEMINENT DANS LA MER...

Sur le bord du cratère Dolomieu, principal sommet de ce piton de la Fournaise qui surgit tout d'un trait en 1930, le sol, parcouru de failles « vivantes », est tout tremblant encore car une poche de magma, située à l'aplomb d'une formidable tuyauterie naturelle, frémit encore. La pierre branle partout alentour, et fume de l'hydrogène sulfuré. Ainsi peut-on, immobile dans le vent qui donne la chair de poule sous un soleil incendiaire, contempler tout son saoul les fabuleux mécanismes de la croûte terrestre qui mettent au monde un lopin de plus, où vivront des hommes. Où se trouve aujourd'hui la Réunion, l'île Maurice se dressait voici un million d'années ! La tectonique des plaques l'ayant fait dériver, Maurice s'est « débranchée » de la tuyauterie souterraine et n'a plus de volcanique que sa structure. Le flux des matières s'étant tari, le vent, le sel océanien et les pluies tropicales ont lentement assimilé ses reliefs, façonné ses plages. Suivant son exemple, dans un million d'années environ, la Réunion sera, comme sa voisine, un paradis apaisé. Comme elle, elle glissera vers l'est, tandis que ses cheminées, « débranchées » une à une, s'éteindront. Le phénomène est lancé depuis si longtemps ! Il y a trois cent cinquante mille ans, en effet, c'est le piton aujourd'hui dit « des Neiges », sans doute bien plus élevé que ses 3 069 mètres actuels, qui crachait sur l'île l'essentiel du magma... récupéré maintenant par le piton de la Fournaise. Avec ses 2 632 mètres d'altitude, ce dernier est considéré comme aussi actif que le célèbre Kilauea des îles Hawaii, le volcan le plus « expressif » de la planète.

DES PAYSAGES FANTASTIQUES...

L'accès à la montagne de feu réunionnaise se fait par une vaste plaine de sables, extraordinaire étendue de scories brunes pulvérisées il y a des lustres par l'explosion de son sommet. Réduites par les vents, le gel, l'air salin et le soleil, ces pierres forment un désert rouillé qui ne dépayserait pas un Bochiman du Namib. Ce tapis ocre mène à la plus jeune, la plus vaste et la plus périphérique des trois caldeiras qui encerclent le piton, et dont le pas de Bellecombe, à 2 311 mètres d'altitude, est la porte d'entrée. Dans une lande de bruyères que coiffent à l'horizontale les fortes brises océaniennes, on domine un enclos lunaire où la lave a jailli, où elle jaillit encore et où elle jaillira. Il faut partir tôt le matin pour traverser le lugubre paysage dallé de basalte lentement refroidi avant que le soleil n'y fasse couler une chaleur de plomb. Sous les pas du voyageur aux lèvres gonflées par les vents desséchants, ce plancher incroyablement dense... vibre. Se hisser sur une sorte de termitière rouge, ultime vestige d'un cratère de 1753 balayé par des éruptions ultérieures et dit Formica Leo, exige un effort considérable, moins soutenu cependant que celui demandé par le dernier tronçon de cette ascension, l'ultime parcours, au sol de pierres tranchantes qui se dérobent sous le pied. La récompense se savoure au sommet, sous un vent glacial. Devant une vision minérale, troublante. On se sent ici comme à l'origine du monde. Un monde d'une telle sécheresse ! Avec, émanant çà et là de la terre, un peu de vapeur provoquée par l'eau d'anciennes pluies qui, s'étant infiltrée pendant des jours, a fini par rencontrer la lave en fusion. Des fissures s'échappent aussi des gaz, qui déposent sur la roche des teintes étranges. Là où le jaune domine, l'air est irrespirable. C'est du soufre.

UNE BULLE DE MAGMA JAILLIE DE L'OCÉAN

L'aventure de cette île de feu a commencé voici trois millions d'années, époque à laquelle les présumés premiers hommes laissèrent leurs osse-

par Frédéric Denhez

ments dans la grande cassure du rift africain. Ici, une bulle de magma se solidifia sur le plancher de l'océan et grossit tant qu'elle émergea. Le piton des Neiges était né. Pendant deux mille cinq cents millions d'années environ, il en jaillit une lave fluide qui, s'étalant en flaque, agrandit sa surface jusqu'à ce que, voici seulement trois cent cinquante mille ans, vienne s'accoler à ce volcan une autre accumulation de laves : le piton de la Fournaise. Et les deux cônes, pendant près de deux cent mille ans, vomirent l'enfer ensemble, tant et si bien que le piton des Neiges finit par exploser. Il s'effondra. Ce que l'on en voit aujourd'hui n'est qu'une de ses anciennes cheminées. Quant aux cirques de Mafate, de Cilaos ou de Salazie, ou encore à la forêt primaire de Bélouve, au nord-est de l'île, ils faisaient encore partie voici douze mille ans de ce gigantesque volcan-bouclier ! Pour ne pas être de reste, le piton de la Fournaise s'effondra aussi à trois reprises, ce qui donna trois cratères affaissés, devenus caldeiras. Huit mille ans après l'extinction — provisoire ? — du volcan fondateur, la caldeira la plus récente, dite « enclos de Fouqué », a perdu un de ses murs. Ouverte vers l'océan, elle canalise désormais le fleuve de lave qui, une fois l'an, s'écoule du piton.

COMME LES FEUILLES OBLONGUES D'UN TRÈFLE GÉANT

Qui a vaincu ce cône arasé peut affronter les cirques ! Si dans l'infernale chaleur ambiante la souffrance est réelle, la félicité des sommets est à l'avenant. Il n'y a de toute manière aucun choix, car la Réunion est une muraille. Hormis ses deux plages et la route périphérique qui ceinture son rivage, elle n'est que montagnes. Mafate, Cilaos et Salazie sont comme les trois feuilles oblongues d'un trèfle centré sur Gros Morne, où prolifèrent les animaux, exclus des cônes volcaniques car ces derniers sont, bien sûr, impropres à la vie. Il n'y a pas de gros mammifères, mais des cochons sauvages, que l'on chasse. On y voit aussi, à part des chiens et des chats, des tangues (musaraignes d'origine malgache) et tout un peuple d'oiseaux, dont le merle de la Réunion, le terpsiphone de Bourbon, le bulbul orphée et la papangue, un rapace local.

Le piton des Neiges est planté légèrement à l'est de l'axe du trèfle, dressé sur le rempart ouest du cirque de Salazie. Le chemin le plus simple consiste à grimper par Cilaos, et de là à emprunter une belle pente en escalier qui s'insinue dans la forêt sèche jusqu'au col du Taïbit. On l'atteint en quatre heures de marche sportive et, à 2 422 mètres d'altitude, on domine alors le cirque de Mafate. Il faut encore, pour descendre dans ce dernier, une bonne heure de marche sur un mauvais chemin caillouteux, éprouvant pour les genoux. Aux temps anciens, les esclaves en fuite venaient se réfugier dans ce cratère effondré, et c'est à l'un de ces malheureux, qui y fut abattu en 1751 par un « chasseur de nègres » de sinistre mémoire, que l'endroit doit son nom. Il n'y a pas d'autre route ici que ce chemin « casse-cou », qui tourne et retourne en suivant plus ou moins le lit de la rivière des Galets, seule à connaître la sortie ! On passe par une sorte de chapelet d'îlots, dont chacun est occupé par les descendants des petits colons qui y furent chassés par la pauvreté. Neuf refuges en tout, reliés au reste du monde par hélicoptère et par les tournées d'un facteur consciencieux. Leurs quatre cents habitants — sur les quelque sept cent mille de l'île —, qui sont tous cousins, accueillent chaleureusement les visiteurs, parvenus au terme de leur chemin, là où le regard, même levé vers le ciel, bute sur le minéral. Ceinturé d'un rempart, veillé par une dizaine de pics culminant à plus de 2 000 mètres, le cirque de Mafate est une véritable citadelle. Lorsque la brume s'y insinue, jusque dans les maisons, on sait que le soleil a terminé sa ronde. Alors on regarde le piton des Neiges, là-haut, dans le ciel, avec convoitise. Sachant que, demain, on l'affrontera.

LE PLUS HAUT SOMMET DE L'OCÉAN INDIEN

Affronter le sommet le plus élevé de l'océan Indien exige un départ dès 3 heures du matin. D'ici, il n'y a que 600 mètres de dénivelé pour se trouver au sommet du piton, à 3 069 mètres d'altitude, mais l'abrupt chemin a été tranché à la hache dans la pente basaltique à la légère couverture végétale. Depuis le gîte idéal de la caverne Dufour, on traverse une lande de hautes bruyères et d'ajoncs avant de s'engager prudemment sur la surface figée d'une mer de lave, parfois glacée. Mais de là-haut, lorsque l'aurore allume l'un après l'autre tous les pics, lorsque les cirques emplis de lumière commencent à chauffer et que le pourtour « patatoïde » de la Réunion se referme sur l'infinie surface bleu marine de l'océan qui s'échine à briser la jeune barrière corallienne, les minutes égrenées ne sont plus que purs instants de bonheur. Dans un paysage que l'on croit éternel et qui pourtant, dans six mois, aura encore changé. ■

En haut **: comme l'eau des rivières, la lave va à l'océan. Brutalement refroidie, elle se solidifie et, gagnant sur la mer, augmente le territoire de l'île. Sur la nouvelle roche ainsi formée, la vie s'installe très vite. Les coulées récentes sont colonisées d'abord par les lichens, puis par les fougères, par les arbustes et, enfin, par les arbres.**
Ci-contre **: éruption en cours.**

Lanzarote

Des paysages lunaires. Des volcans jaunes, vert pomme, aubergine et bleu de cobalt. Si peu d'arbres, mais des pieds de vigne nichés au fond de parfaits entonnoirs creusés dans les laves noires, dans les laves rouges ou au flanc des cônes volcaniques, bordés de murets ou de grosses pierres chaulées de frais. Des villages éclatants de blancheur sur des pentes nues où se déclinent toutes les nuances de l'ocre. Et de la lave, encore, noire, dressée en falaises déchiquetées. Au pied de celles-ci, des plages de sable blond face à la houle de l'Atlantique, bleu marine, toujours échevelée, écumante, rageuse sous l'alizé qui souffle sans discontinuer. Toujours traîtresse, même par beau temps. Lanzarote est une île austère. Petit morceau de montagne surgi au large des côtes marocaines, à quelques encablures du Sahara, le géant des déserts du monde, elle est, avec Fuerteventura, sa voisine du sud, la plus africaine des six îles Canaries espagnoles. De son sol torturé, aux laves fertiles mais battu par les vents, sans le moindre cours d'eau, si désespérément sec, les habitants, dont beaucoup vivent centenaires, tentent d'arracher une difficile subsistance.

Pages précédentes : sur les 800 kilomètres carrés de l'île, 200 ont été recouverts de lave et de cendre par les éruptions du XVIIIe siècle. Une catastrophe, alors, pour Lanzarote, qui perdait ses meilleures terres. Importés du Sud marocain voisin, les dromadaires permettent aux visiteurs d'emprunter les parcours dans la cendre, interdits aux piétons.

Comme les autres îles de l'archipel des Canaries, Lanzarote a surgi de l'Atlantique à la suite d'éruptions volcaniques commencées il y a vingt millions d'années. Cette île est cependant la seule dont le paysage ait été entièrement bouleversé par des éruptions historiques, observées depuis la première colonisation de l'île, en 1409. Elle revendique trois cents volcans.

Lanzarote

Lanzarote est un massif de volcans. Cette petite île de 60 kilomètres de long sur 21 kilomètres de large, qui culmine à 670 mètres au-dessus des vagues et est comme boursouflée de quarante volcans, a surgi de l'océan il y a dix-neuf millions d'années, à quelques kilomètres au sud de la côte marocaine, non loin de la Mauritanie. Réveillés au XVIIIe siècle, vingt-cinq de ces volcans ont transformé le tiers sud-est de la surface de l'île en paysages d'astéroïde, où leurs cônes pulvérulents, rouges, jaunes, vert pomme, s'alignent comme sur un plateau parmi des champs de lave torturée que dévorent des colonies de lichens sous un soleil de plomb. La route unique de cette île-volcan — aux allures d'astre mort mais qui ne l'est pas — mène vers les hauteurs de l'intérieur où se nichent quelques villages chaulés de frais : Tahiche, Nazareth, avec leurs petites églises basses et, aux alentours, sur une crête calcinée, au bord d'un cratère, quelque moulin à vent qui grince en tournant comme un fou. Les arbres sont si rares qu'on les voit de loin ! De spontané ne pousse ici que le célèbre *Phoenix canariensis*, le palmier des Canaries, et le rare *Dracaena drago*, le dragonnier, survivant de la préhistoire, un arbre de quelques mètres de haut, au tronc énorme et aux branches noueuses ornées de grosses touffes de feuilles longues, dures et coupantes.

UN ÉTRANGE PEUPLE VÉGÉTAL

En allant vers Tao apparaissent les premières cultures, discrètes, dans leurs champs en damiers colorés qui s'étalent sur les pentes. Les oignons et la vigne poussent dans la lave noire, chaque pied abrité au fond d'un trou en forme d'entonnoir, formant des broderies au graphisme parfait. Les orangers, eux, sont plantés dans un sol cendreux, ocré, chacun protégé d'un muret s'étirant en festons. Sans ces « berceaux » en demi-lune, aucune plante ne résisterait à l'assaut des vents océaniques. D'ailleurs, même les fleurs sauvages, comme les marguerites et les coquelicots, ne prolifèrent qu'à ras de terre, tout comme une espèce très particulière de *Mesembrianthemum*, petite plante grasse d'un vert rosé couverte de minuscules capsules emplies d'un suc transparent et qui brillent, en plein soleil, comme autant de diamants. Les cactus *Opuntia*, aux raquettes bien larges et aux piquants acérés, à l'évidence plus résistants, parviennent à s'élever un peu, et il y en a tant qu'on les prendrait presque pour de la « mauvaise herbe ». Ils sont en fait cultivés, car les cactus de cette variété, ici appelés *tunera*, attirent les cochenilles ; ces insectes parasites originaires du Mexique, une fois séchés et traités, donnent le rouge carmin, une teinture appréciée depuis l'Antiquité et utilisée aujourd'hui encore dans la fabrication de cosmétiques et de médicaments. Cela permet à des petits exploitants de vivre dans ces montagnes arides… et de vivre longtemps à en juger d'après les épitaphes des cimetières locaux, neuf défunts sur dix ayant rendu l'âme à plus de quatre-vingt-cinq ans.

***Ci-dessus* : destructrice lorsqu'elle recouvre la végétation, la cendre volcanique peut devenir un sol propice à la culture en zone aride : grâce à ses grains poreux, elle absorbe la rosée de la nuit et restitue l'eau par capillarité à la racine des plantes.**
***En bas* : certains volcans anciens présentent un cratère largement ouvert que les premiers colons canariens ont appelé *caldeira*, « chaudron », terme désormais employé en volcanologie.**

DES VOLCANS BLEUS, VERTS, JAUNES, ROUILLE…

Au-delà du village bien nommé de Villa Blanca s'étend un désert de cendres créé par les ravages volcaniques de 1730 à 1736 et par ceux de leur réplique, moins meurtrière tout de même, de 1824. Un désert de cônes dressés ou effondrés, immenses, aux cratères béants. Rien que des coulées de lave fraîches ou enfouies. Rien que de la cendre et des pierres accumulées au gré des explosions et des vents. Plus loin encore, des champs de lave sculptés de cavernes et de formes fantastiques, telle une foule pétrifiée, occupent le paysage à perte de vue ; ce sont les champs du Diable, que colonisent des lichens dont la couleur diffère selon la composition des laves. Gris ici, là ocre jaune, ils sont ailleurs d'une éclatante blancheur, tout comme l'immense caldeira de la montagne Blanche, qui se dresse sur la droite, sans un brin d'herbe, à 150 mètres de hauteur. Sur la gauche, un autre monstre, le Pico Partido, dont le cône, curieusement, est coupé en deux (comme son nom l'indique en espagnol). Un spectacle hallucinant baptisé Timanfaya, trésor volcanologique classé aujourd'hui parc national, mais un milieu vulnérable de 5 000 hectares, friable, fragile et dangereux, dans lequel on ne peut accéder librement. À 510 mètres d'altitude, en son sommet, des gardes accueillent les amateurs de géologie fascinés par ce spectacle d'aube du monde.

par Roger Cans

DANS LES MONTAGNES DE FEU

Dans ces *montanas de Fuego*, il suffit de glisser une poignée de genêts épineux dans le trou d'une solfatare pour qu'elle s'enflamme, ou d'injecter de l'eau dans un tube enfoncé de quelques centimètres dans le sol — à une température de 400 °C — pour que jaillisse en un instant un puissant geyser de plusieurs mètres de haut. Cette géothermie est d'ailleurs exploitée par le point de restauration local, baptisé avec humour El Diablo, qui propose aux randonneurs affamés des *chuletas* (côtelettes) cuites au barbecue sur un trou au fond duquel on aperçoit le bouillonnement de la lave. Sacrifier à ce rite parfaitement trivial dans ce paysage digne de la planète Mars est une immersion dans le surréalisme ! Les alentours déclinent sous une lumière aveuglante et les couleurs passent du jaune soufre au violet aubergine, tout ce que Vulcain, dieu-forgeron à l'imagination débridée, serait capable de façonner dans les entrailles de la terre. Ici se dresse le cône parfait, bleu de cobalt, du Manteau de la Vierge. Là-bas, c'est un tunnel de lave effondré qui serpente au pied de la montagne tel le squelette fossile de quelque dinosaure géant. Ailleurs, une immense fissure aux lèvres bordées de concrétions luisantes et soufrées parcourt jusqu'à l'océan une pente de cendres gris-violet jalonnée de cônes pyroclastiques, sortes de petits volcans intermédiaires surgis du sol en soulevant la roche mère. Partout où porte le regard s'étendent, se dressent des paysages que, faute de références, on qualifie de lunaires. Avec la lumière et les couleurs en plus.

FANTASTIQUES CAVERNES DE LAVES IRISÉES

Le dessous du volcan vaut bien le dessus ! Lanzarote, dans ses entrailles, recèle aussi bien des trésors, telle la Cueva de los Verdes, grotte qui appartient au couloir de lave le plus long du monde avec 7 kilomètres. Ce dernier se forma lors de l'éruption du volcan Corona, à la pointe nord de l'île, et on y passe de boyaux étroits de quelques mètres de diamètre à de vastes salles, dont la plus grande atteint 200 mètres de haut ! Les couleurs y changent au fil des formations de lave, selon que le basalte a coulé chaud, donc fluide, ou bien en se refroidissant, donc plus visqueux. Les voûtes vont du noir d'obsidienne au rose pâle en passant par toutes les nuances de gris.

À la configuration tourmentée et rugueuse de la lave de surface s'opposent ainsi les parois lisses du sous-sol, formées au fil d'éruptions successives, dont les vomissements de lave en fusion ont curieusement gainé les parois refroidies. Elles les ont fondues avant de s'amalgamer à elles, les lissant mais laissant au plafond une myriade de gouttelettes, telles d'étranges stalactites. Spectacle insolite, même pour des spéléologues chevronnés. Le tunnel, enfin, s'ouvre sur la mer en une immense caverne créée par l'explosion de laves visqueuses, brûlantes, au contact de l'eau. On l'appelle los Jameos del Agua, car dans le secret de ses entrailles un lac s'est formé. Y vivent de petits crustacés albinos qui, ailleurs, n'évoluent qu'à plus de 700 mètres de profondeur, là où les rayons solaires ne parviennent jamais. Est-ce à cet univers fantastique que le sculpteur et architecte César Manrique doit son inspiration ? C'est l'évidence car, jouant de ces configurations géologiques exceptionnelles, il a logé ici un auditorium à l'acoustique irréprochable. Ailleurs, non loin de l'embouchure du tunnel, il a aménagé sa demeure dans les effondrements de lave, formant une sorte de mirador qui donne directement sur Graciosa, la petite île sœur de Lanzarote. De cette plate-forme de basalte noir en balcon sur l'Atlantique, le regard se perd dans l'océan, très bleu à l'horizon, vert émeraude à l'approche des plages de sable blanc, désertes, qui ceinturent le pied des abrupts. Sous ce climat toujours ensoleillé, jamais froid ni trop chaud (22 °C de moyenne annuelle), le ciel diurne est d'un bleu laiteux. Et la nuit, sous la voûte constellée dont les étoiles, ici, paraissent énormes, les murailles de basalte projettent des ombres fantastiques. Dans l'ombre, des cactus à la silhouette tarabiscotée rivalisent d'excentricité avec les concrétions volcaniques, tandis que quelques palmiers et des citronniers en pot atténuent la rudesse de cet univers minéral, voire sidéral. ■

montagne sacrée
montagne de neige et de glace
montagne de terre et de pierre
verte montagne
montagne de feu
1 000 km
Alaska
Mont McKinley
6 194 m
Montagnes Rocheuses
Mont Elbert
4 399 m
Cercle polaire arctique
Highlan
Glen Co
1 150
Pic d'Ar
3 40
Lanzarote
670 m
Haut A
Djebel Toubkal
4 165 m
Tropique du Cancer
Archipel d'Hawaii
Mauna Kea
4 205 m
Océan Atlantique
Équateur
Cordillère des Andes
Océan Pacifique
Tropique du Capricorne
Aconcagua
6 959 m
Fitz Roy
3 375 m
Cercle polaire antarctique

Mont Blanc
4 810 m
Alpes
Mont Athos
2 033 m
Nanga Parbat
8 125 m
Kailash
6 714 m
Annapurna
8 078m
Machapuchare
6 993 m
Mont Everest
8 846 m
Kangchenjunga
8 586 m
Hindu Kuch
Karakorum
Himalaya
Fuji-San
3 776 m
Huangshan
Lianhuafeng
1 864 m
Sinaï
Wadi Rum
1 754 m
Mont Sainte-Catherine
2 642 m
Garret el Djenoun
2 330 m
Massif du Hoggar
Djebel Akhdar
3 019 m
Sultanat d'Oman
Océan Pacifique
Ruwenzori
Pic Margarita
5 109 m
Mont Kenya
5 199 m
Océan Indien
La Réunion
Piton de la Fournaise
2 632 m
Ruapehu
2 797 m
Nouvelle-Zélande

INDEX

BIBLIOGRAPHIE

Ouvrages généraux

R. Frison-Roche et S. Jouty, *Histoire de l'alpinisme*, Arthaud, 1996
S. Jouty et H. Odier, *Dictionnaire de la montagne*, Arthaud, 1999
B. Amy, *le Meilleur Grimpeur du monde*, Glénat, 1985
B. Amy, *le Voyage à la cime*, Glénat, 1996

Montagnes sacrées

Monts Kailash et Machapuchare

Lama Anagarika Govinda, le *Chemin des nuages blancs*, Albin Michel, 1990
A. Van Limburg, *Kailash, pèlerinage tibétain*, éditions de La Boussole, 1999
D. et O. Föllmi, M. Ricard, *Himalaya bouddhiste*, La Martinière, 2002

Fuji San

P. Pons, *Japon*, Le Seuil, coll. Points planète, 1988
T. Nagasse, *le Paysage dans l'art d'Hokusai*, Édition d'art et d'histoire, 1937

Mont Athos

J. Lacarrière, *Mont Athos, montagne sainte*, Seghers, 1954
J. Biès, *Athos. Voyage à la sainte montagne*, Dervy-livres, 1980
J. Decarreaux, *Une république de moines*, Fayard, 1956

Mont Sinaï

A. Champdor, *le Mont Sinaï et le monastère Sainte-Catherine*, Guillot, 1963
G. Gerster, *Sinaï*, Plon, 1962
G. et M. Sôtirion, *Icônes du mont Sinaï*, Imprimerie de l'Institut français d'Athènes, 1956
P. Bridel, A. Guillaumont, M. Rassart-Debergh et A. de Vogüe, *Déserts chrétiens d'Égypte*, éditions Myriam Orban, 1993

Montagnes de neige et de glace

Himalaya

J.-J. Pironon, *Himalaya, les chemins du ciel*, Glénat, 2002
Histoire et devenir des paysages en Himalaya, sous la direction de J. Smadja, éditions du CNRS, 2003
Himalaya-Tibet : le choc des continents, sous la direction de J.-P. Avouac et P. de Weber, coédition CNRS-Muséum d'histoire naturelle, 2002

Mont Blanc et Alpes

S. Jouty, *l'Odeur de l'altitude*, Fayard, 1999 (grand prix du Salon du livre de montagne)
S. Jouty, *le Roman du Cervin*, Fayard, 2003
L. Terray, *les Conquérants de l'inutile*, éditions Guérin, 1995
B. Fischesser, *la Vie de la montagne*, La Martinière, 1998
L'Alpe, revue trimestrielle de référence, Glénat et Musée dauphinois

Patagonie

B. Chatwin, *En Patagonie*, Grasset, coll. Les Cahiers Rouges, 2002
F. Coloane, *Tierra del Fuego*, Phébus, 2003
J. Raspail, *Moi, Antoine de Tounens*, roi de Patagonie, J'ai Lu, 1989
G. Buscani et S. Metzelin, *les Orgues de Patagonie*, Glénat, 1989
L. Sepulveda, *le Monde du bout du monde*, Métailié, 1993

Montagnes de terre et de pierre

Hoggar

R. Frison-Roche, *l'Appel du Hoggar*, Flammarion,1936
R. Frison-Roche, *la Montagne aux écritures*, Arthaud, 1952
R. Frison-Roche, *le Rendez-vous d'Essendilène*, Arthaud, 1987
R. Frison-Roche, *les Carnets sahariens*, Flammarion, 1975
B. Pierre, C. Aulard, *Escalades et randonnées au Hoggar et dans les tassilis*, Arthaud, 1985
O. Bernezat, *Hommes des montagnes du Hoggar*, Glénat, 1985

Hindu Kuch

E. Maillart, *la Voie cruelle*, Payot, 1989
A. Schwarzenbach, *Où est la terre des promesses ?* Avec Ella Maillart en Afghanistan, 1939-1940, Payot, 2002
E. Newby, *Un petit tour dans l'Hindou Kouch*, Payot, 2002
N. Bouvier, *l'Usage du monde*, Payot, 2001 (pour la présente édition)
S. Allix, *la Petite Cuillère de Schéhérazade*, Ramsay, 1998
S. Allix et N. Calestrémé, *Carnets afghans*, Robert Laffont, 2002
S. Allix, *Afghanistan, visions d'un partisan*, album photographique, Transboréal, 2003

Oman

J. Bouagga, *Oman, voyage au pays de Sindbad*, éditions Edifra, 1994
A. Stevens, *Oman, citadelles entre sable et mer*, Terra Incognita, Belgique, 1990
Y. Thoraval, J.-P. Charnay, *Sultanat d'Oman, retour à l'histoire*, L'Harmattan, 1998
L. Graz, les Omanais, gardiens du golfe, Albin Michel, 1981

Haut Atlas

B. Domenech, *le Maroc*, Denoël, 1989
J. Meuniè, *Greniers-citadelles du Maroc*, Arts et Métiers Graphiques, 1951
A. Rodrigue, *l'Art rupestre du Haut Atlas marocain*, L'Harmattan, 1999
H. Jouad et B. Lortat-Jacob, *la Saison des fêtes dans le Haut Atlas*, Le Seuil, 1978
G. Camps, *Berbères, aux marges de l'histoire*, éditions des Hespérides, 1980

Wadi Rum

T.E. Lawrence, *les Sept Piliers de la sagesse*, Gallimard, 1992 (coll. Folio 2392)

Vertes Montagnes

Ouvrages généraux

L. Brown, *l'Afrique*, Hachette, 1967

Kenya

J. Kenyatta, *Au pied du mont Kenya*, Maspero, 1960

Ruwenzori

G. Yeoman, *Africa's mountain of the Moon*, Elm Tree Books, Londres, 1989
D. Pluth, *Uganda Ruwenzori, a Range of Images*, Little Woolf Press, Staera, 1996

Pyrénées

P. Gorsse, *Splendeurs et gloire des Pyrénées*, France-Empire, 1980
P. de Bellefon, *Itinérance pyrénéenne*, Denoël-Marrimpouey,1980
Les Pyrénées, sous la direction de F. Taillefer, Privat, 1984

Huangshan

Les Paradis naturels – Jardins chinois en prose, édité et traduit du chinois par Martine Vallette-Hémery, Philippe Picquier, 2001
F. Cheng, *l'Espace du rêve. Mille Ans de peinture chinoise*, Phébus, 1980
Li Bai, *Florilège* (traduit du chinois et présenté par Paul Jacob), Gallimard, 1985
Ji Cheng, *Yuanye, le traité du jardin* (1634), traduit du chinois, éditions de l'Imprimeur, 1997

Montagnes de feu

Ouvrages généraux

M. Krafft, *les Feux de la terre – Histoire des volcans*, Découvertes Gallimard, 2003
K. et M. Krafft, *Fabuleux Volcans*, Artémis Éditions, coll. Références, 2002
J.-L. Cheminée, *les Volcans*, Pocket-Cité des sciences, coll. Explora, 1994
Volcans en feu, ouvrage dirigé par S. Bobbé, Autrement, 1998

Nouvelle-Zélande

Nouvelle-Zélande, Guide Olyzane
Nouvelle-Zélande, Guide Lonely Planet
J. Duncan, *Nouvelle-Zélande, terre de tous les rêves*, Soline, 1992

La Réunion

La Réunion, Maurice, guide Lonely Planet

Lanzarote

Les Canaries, Guide Hachette

CRÉDITS PHOTOGRAPHIQUES

Page 1, Art Wolfe/JHEditorial ; 2-3, Czeslaw Pyszel/Photononstop ; 4-5, O. Föllmi/Rapho ; 6-7, J.-E. Pasquier ; 8-9, O. Karasek/JHEditorial/Peter Arnold ; 9 centre, Underwood & Underwood/Corbis ; 10-11, G. Rowell/Corbis ; 12-13, N. Wier/Corbis ; 14-15, G. Rowell/Corbis ; 16-17, A. Van Limburg ; 17 bas, G. Rowell/Corbis ; 18 centre, T. et G. Baldizzone ; 18 droite, G. Rowell/Corbis ; 19 gauche, N. Mahruki/JHEditorial ; 19 centre, G.Rowell/Corbis ; 20, Art Wolfe/JHEditorial ; 21, L. Audoubert/Scope ; 22- 23, G. Rowell/Corbis ; 24-25, A. Van Limburg ; 25 bas, G. Rowell/Corbis ; 26, A. Van Limburg ; 27, Simeone/Photononstop ; 28-29, A. Van Limburg ; 30-31, Senechal/Photononstop ; 32-33, A. Van Limburg ; 34, M. Freeman/Corbis ; 35, D. Ball/Photononstop ; 36-37, S. Held ; 38-39, D. et J. Heaton/Corbis ; 40, C. Steele-Perkins/Magnum ; 41, D. et J. Heaton/Corbis ; 42 gauche, Historical Picture Archive/Corbis ; 42 droite, M. Yamashita ; 43 gauche, H.G. Ponting ; 43 droite, Historical Picture Archive/Corbis ; 44, C. Hellier/Corbis ; 45, Y. Arthus-Bertrand/Corbis ; 46-47, Y. Arthus-Bertrand/Corbis ; 48-49 haut et centre, Y. Travert/Photononstop ; 49 bas, Hémisphères/On Location ; 50-51, Art Wolfe/JHEditorial ; 51 centre, J.-P. Duchene/Photononstop ; 52, P. Lau/Cosmos ; 53, R. McKinley/JHEditorial/Peter Arnold ; 54-55, G. Rowell/JHEditorial/Peter Arnold ; 56-57, C. Monteath/Agf/Hoa-Qui ; 58, Morandi/Photononstop ; 59, J.-C. Pironon/Photononstop ; 60, B. Alexander/Cosmos ; 61 haut, Taurines/Cosmos ; 61 centre, Vandystadt ; 62-63, P. Bourseiller ; 64-65, M. Quinton/JHEditorial/Minden Pictures ; 65 droite, Krafft/Hoa-Qui ; 66-67, C. Clifton/JHEditorial/Minden Pictures ; 68, Art Wolfe/JHEditorial ; 69 haut, Vandystadt ; 69 bas, G. Lopez/Bios ; 70, Krafft/Hoa-Qui ; 71, L. Audoubert/Scope ; 72, Art Wolfe/JHEditorial ; 73, L. Audoubert/Scope ; 74-75, M. Verin ; 76-77, Art Wolfe/JHEditorial ; 78 haut, G. Wiitsie/JHEditorial/Peter Arnold ; 78 centre, 79 gauche, M. Verin ; 79 droite, B. Gardel/Hemisphères ; 80, Deschamps/Photononstop ; 81, J. Gaumy/Magnum ; 82-83, F. Charel ; 83 bas, Art Wolfe/JHEditorial ; 84-85, Simeone/Photononstop ; 86, Hagenmuller/Hoa-Qui ; 87, B. Mollaret/Ask Images ; 88 bas, F. Charel ; 88-89, Vandystadt ; 89 bas, J. Nicolas/Hemisphères ; 90-91, M. Pelletier/Corbis ; 91 centre, 92-93, M. Verin ; 94- 95, J.-L. Bernezat ; 96-97, M. Verin ; 98, Art Wolfe/JHEditorial ; 99, J. Kieffer/Bios/Peter Arnold ; 100-101, Lowell Georgia/Corbis ; 102-103, Mafart-Renodier/Bios ; 103 haut, B. Gardel/Hémisphères ; 104, R. et S. Michaud ; 105, R. Michaud ; 106-107, S. Held ; 108-109, R. et S. Michaud ; 110 gauche, Zaheeruddin-Webistan/Corbis ; 110-111, Atlas Geographic/ JHEditorial ; 111 bas, R. et S. Michaud ; 112, P. Lafond/Rapho ; 113, P. Wisocki/Hémisphères ; 114 gauche, X. Richer/Photononstop ; 114-115, K. Nomachi/Rapho ; 116-117, Y. Arthus-Bertrand/Corbis ; 118-119, C. Sénéchal/Photononstop ; 120, J. du Boisberranger/Hémisphères ; 121 gauche, H. Gruyaert/Magnum ; 121 droite, C. Hebb/Hémisphères ; 122, M. Attar/Corbis ; 123, B. Domenech ; 124, S. Held ; 125, B. Domenech ; 126 bas, S. Held ; 126-127, B. Domenech ; 128, M. Verin ; 129, C. Gardien ; 130-133, M. Verin ; 134-135, C. Gardien ; 136-137, F. Muntada/Corbis ; 137 centre, R. et S. Michaud ; 138, C. Gryniewicz/Corbis ; 139, G. Rowell/JHEditorial/Peter Arnold ; 140-141, Infra/Photononstop ; 142, C. et A. Purcell ; 143, K. Ward/Corbis ; 144-147, P. Bourseiller ; 148 gauche, C. Ruoso/Bios ; 148-149, M. Gunther ; 150, J. Blair/Corbis ; 151, R. Antrobus/Corbis ; 152-153, G. Lopez/Bios ; 154-155, C. Bland/Eye Ubiquitous/Corbis ; 156, Christie's Images/Corbis ; 157 haut, O. Alamany/E. Vicens/Corbis ; 157 bas, C. Karnon/Corbis ; 158, McDuff Everton/Corbis ; 159, Wild Country/Corbis ; 160-161, J. Miller/Photononstop ; 162 centre, P. Frilet/Hémisphères ; 162-163, J. Miller/Photononstop ; 163 bas, B. Rieger/Hémisphères ; 164, M. Riboud/Magnum ; 165, R. et S. Michaud ; 166-167, S. Held ; 168-169, S. Franklin/Magnum; 170-171 K. Su/Corbis ; 172-173, M. Jones/JHEditorial/Midem Pictures ; 173 centre, R. Bouhet/Corbis ; 174, Krafft/Hoa-Qui ; 175, F. Lanting/JHEditorial ; 176-177, Simeone/Photononstop ; 178-179, Michael T. Sedam/Corbis ; 180-181, Simeone/Photononstop ; 181 droite, B. Lewiston-Liaison/Gamma ; 182, S. Held ; 183, P. Aventurier/Gamma ; 184 gauche, S. Held ; 184-185, John Sporks/Corbis ; 186-187, A. Peid ; 187 droite, B. Gardel/Hémisphères ; 188, H. Stadiez/Corbis ; 189, P. Bourseiller ; 190-191 H. Stadier/Corbis ; 192-193, B. Rieger/Hémisphères ; 194-195, Imaz Press Réunion/Gamma ; 195 bas, P. Bourseiller ; 196, J.-E. Molina/Bios ; 197, B. Krist/Corbis ; 198-199, A. Gallo/Photononstop ; 200-201, Pratt/Pries/Photononstop ; 201 bas, G. Marche/Photononstop ; 204-207, A. Van Limburg ; 208, X. Desmiez/Rapho.

Éditions SOLAR
Direction : Dominique Raynal
Responsable éditoriale : Suyapa Granda Bonilla
Conception graphique et réalisation : Michel Durand avec Corinne Leveuf
Iconographie : Michel Durand
Édition : Chloé Chauveau, Dominique Montembault
Secrétaire d'édition : Aurélie Baudrier
Gravure : Point 4, Paris
Cartographe : Léonie Schlosser

Éditions GEO
Conseil éditorial : Jean-Luc Marty
Direction : Dominique Fleurmont et Pierre-Olivier Bonfillon

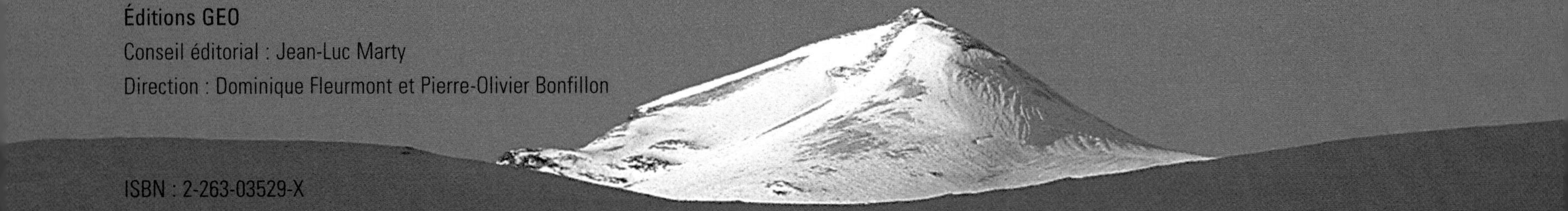

ISBN : 2-263-03529-X
Suite du précédent tirage
Code éditeur : S03529/04
1re édition
Dépôt légal : octobre 2003
Imprimé et relié par Mame Imprimeurs, Tours, France